妖幽戯画

おどろ怪異譚

うえやま洋介犬＋西浦和也

竹書房文庫

カバーイラスト／うえやま洋介犬＆扉写真／加藤 一

妖幽戯画
—まえがき—
キンコロ♪
リンロ
リンコン♪
リンコン
コン
リロ
リロン♪
また
読者の方から
実話怪談の
体験談が届く
創作怪談を
日々考え—
実話怪談を
日々もらい
それをみな黙々と
漫画にする日々—
ソロソロ
サワリガ
オコリ
ソウダ
米問屋

アッ
この人が読んでいる本！
僕が
今描いている本だ！
すみません
その本をどこで手に入れられましたか？
「あぁ　この本ですか？」
「第一章と第三章は創作の怪談漫画
第二章・第五章は実話怪談文章…
ペラ…
そして最後の第六章は完全実話の怪談漫画…
まるでモザイクのように実話と創作・漫画と文章のからみあうこの本―ですか？」

第四章！
第四章はどうなっているのですか？
今僕はその本を描いていて
今あなたが言及しなかった
第四章を実話にするか創作にするか逡巡しているのです
「第四章ですか？それはええと」
ドウヤラソコニ
魔がヒソムラシイ。

目次

※本書に登場する人物名のうち、実話については様々な事情を考慮して仮名或いは体験者のペンネームにしてあります。

第一章

本当にあったら怖い——。

常識パラライズ
うえやま洋介犬

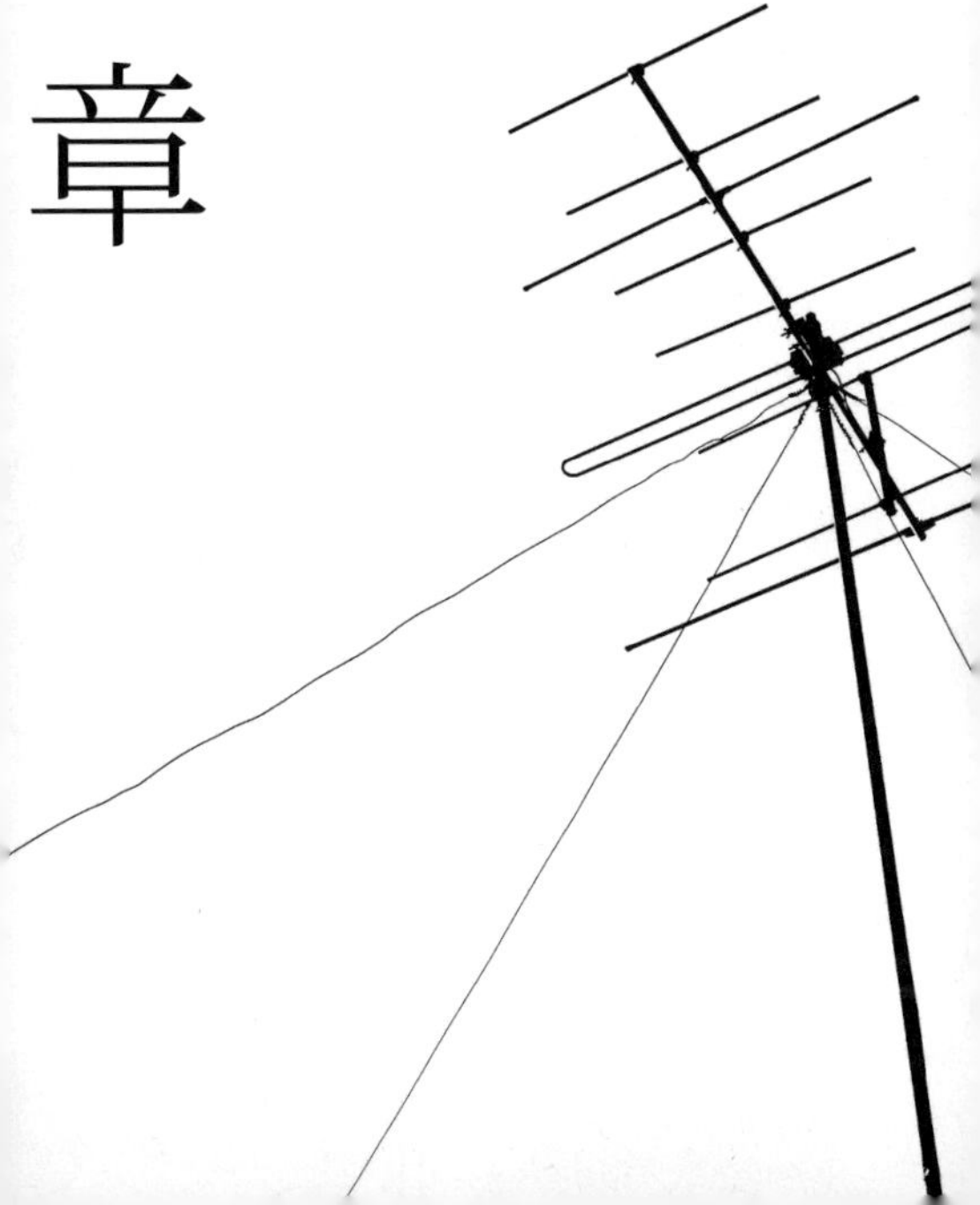

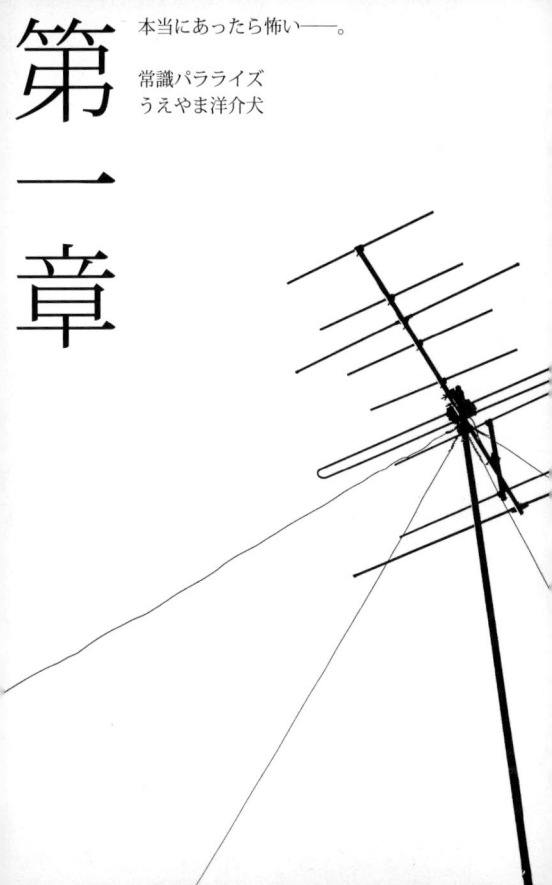

ネクタイだと首吊り
車だと事故死
本だと本棚の倒壊──
私が男にプレゼントすると何故か
みんなそれ使って
死んじゃうのよねー……
そう言いながらも彼女は
今日も男へのプレゼントを買い歩いている
だってちょっとそうやってみんな死ぬのが
・CD
・チェーンソー
・ノコギリ
・洗剤
・シャンプー
・電動ドリル
面白くなってきちゃったんだもん♪

彼女の耳

あれ？気づいた？
私の
耳のこと
父さんがね…「お前は耳の形だけが美しくない」って――
切り落としちゃったのよ
「代わりの綺麗な耳探してきてやるから」って――
――ちなみに彼女の父は十五年たった今も戻っていないという…
つまりまだ…
まだ持ち出した伐採用のハサミを手に
街を――

ディフォルメ愛憎

「自分が怖いと思うもの」を仲間うちで言い合っている時——
髪の長い女！
すりガラスの向こうの人影—
子供のラクガキ
おかしい人の書いたラブレター
ふいに後輩の三島が妙なものを挙げた
先輩— オレ…
二頭身とかのキャラが怖いっス
10
は？ 何で？
だって何かありえない体形と頭のデカさしてるんスよ？
すっげぇ怖いじゃないスか！
その時はそれで終わって—
一週間経った——
え？ 好きになった？ 逆に？ なんで？
ええ だって
あの圧縮された体の中がどうなってて
どんな風に内臓つまってんのか考え始めたら…
すごっ… すごっ
興奮してきちゃって……ッ
今じゃもうっ…
大好きっス…！

返事がない、

愛読誌の投稿コーナー…ある常連さんの投稿が急に止まった
心配になった私は読者交流のコーナーで「大丈夫ですか?」と呼びかけてみた
何ケ月待っても、返事はなかった
本気で心配になった私は
07XX-343-XXXX
調べた彼のメールアドレスや電話番号ですぐに連絡をとってみた
一週間待っても、返事はなかった…
事態が深刻だと直感した私は彼の家へと向かい
呼び鈴を押して彼の本名を叫び続けた—
五分待っても、返事はなかった—
仕方なく私は作っておいた合鍵で家に入り
何故か私に怯える彼を冷静にさせるため見よう見真似で作った薬を注射してみた
返事は、二度と、なかった。

おかゆいところございませんか？
夜道―背後からの叫びと同時に
私は前に押し倒され―
おかゆいところございませんか？
おかゆいところございませんか？
!
おかゆいところございませんか？
すさまじい背中の痛みと恐怖―
だが
ピタッ…
おっ…
終わった…っ？
それはまだ―
あたためますか？
ほんの…序曲―

…何だ？
こいつらのTシャツ…
…
だだだだだだ
えッ…おい まだ赤信号…
キキキキキキ
ドンドッ
ギャギャギャ
足
あぁ なーんだ
「役割分担」だったんだ…

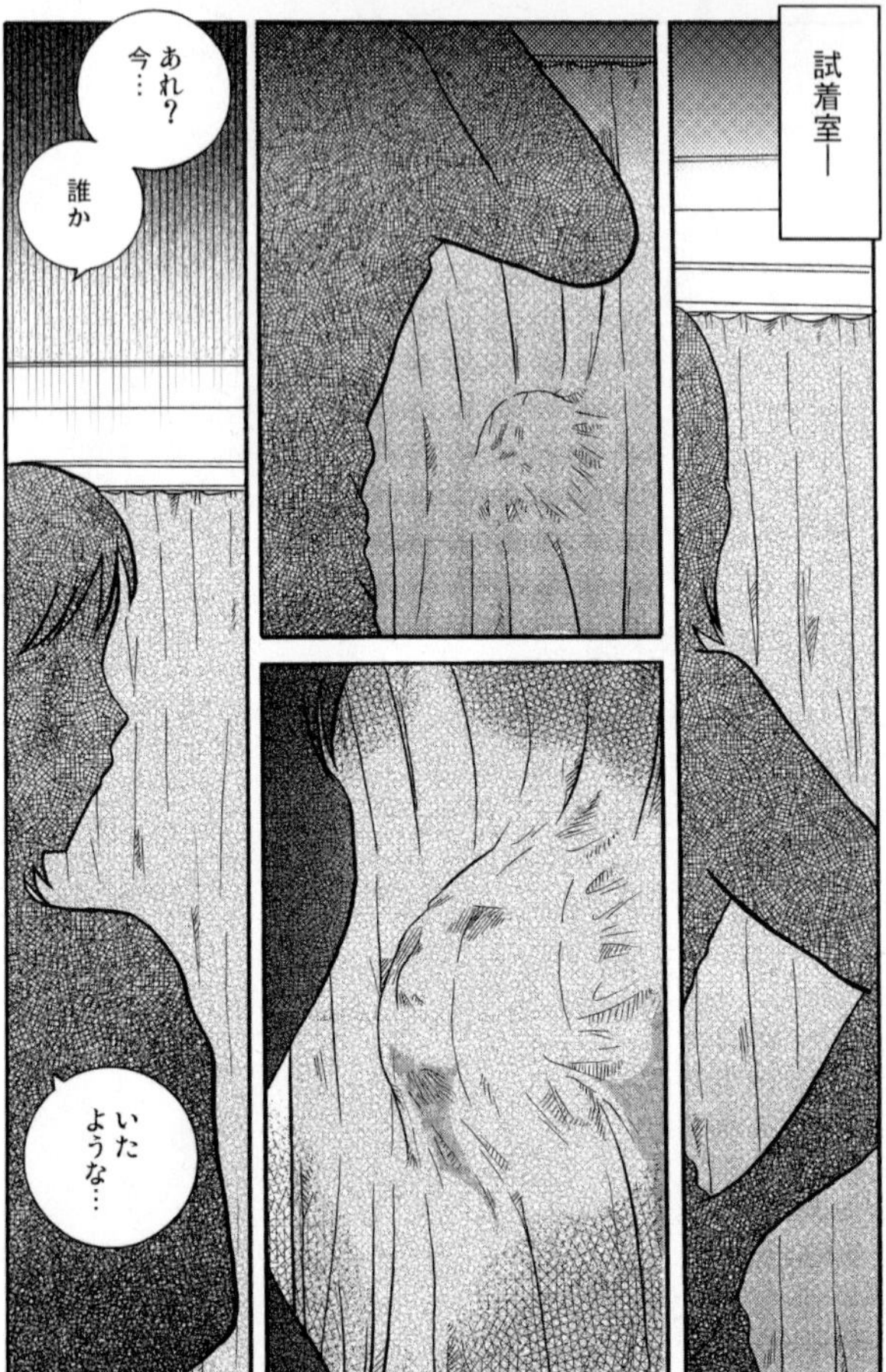
試着室―
あれ？今…
誰か
いたような…

好きでも何でもない中年女性からの告白—
でっ… でねっ
あのね私っ… 男好きになるの初めてで…!
何あげたら喜ぶかとかっていっぱい考えたの!
それで!
わかったの! 男が喜ぶのこれだって!
絶対これだって!
!
嬉しいでしょっ? 男みんな好きだものねっ!
乳首っ…!
嬉しいでしょっ? ね? ねぇっねぇねぇねぇねぇねぇっ!
…

恋人の夕子はそれを共有してほしい…と言った
孝明…ヘビって…平気？
ヘビ？別に平気だけど？
じゃあこの話…大丈夫だよね
私が小六の時の夏休み――
コウちゃーん
コウジ――！
お姉ちゃん…
コウちゃーん
コウちゃんどこー？
お姉ちゃん！
お姉ちゃんてば！
もうっ
何よ宏志っ？
あのね…あの…
おばあさんでも…赤ちゃんって作れたっけ？
かあっ
もっ…もう何よこんな時にッ？
いとこのコウちゃん行方不明なのよ！
それどころじゃな…
！

みづ…
みづがると いいわね
コウ ぢゃん
大人は誰も信じてくれなかったわ…
でもあれは神隠しなんかじゃなく…
きっともうあの時コウちゃんはあの中で…ヘビに呑まれたカエルみたいに
ドロドロに―

みなさん
こんにちは～
藤山エリカ
十六歳
です
えーと
私
今から
じ…自殺
しま～す♪
ちょ～っと
怖いですけど
このビデオが
両親の借金返済の
足しになると思うし…
がんばって
死にますねっ
でっ…でくびっ
手首って切断する
勢いじゃないと
ダメらしい
ですねっ…
いっ…
いぎいぎッ…
いぎまーす！
うぎッ…
ぷぢゅッ
ゴリュゴリュ
ゴリュゴリュ
ゴリュゴリ
ぎぃぎひぎぎぎぎぎッ
うぎッふッぎぎぎぎ
できだ！　でげげだだできっ…
たかしっひろぎっ…パパッママッ
ゴリュゴリュ
ゴリュゴリュ
だがじッひろぐッ
パガッマガッ…ぎぎ
——で社長
これ…
売れたん
ですか？
ハハッ…
販売できる
わけねぇだろ
こんなの！

ひとりごとでも言ってるのかと思った
電車のドアのそばに立つ乗客―
げっ…あの人っ…
チュッ
チュッ
チュッ
チュッ…
窓にチューしてる…
「他人事」と無視を決め込もうとした瞬間―
電車はトンネルに入り…私は知ってしまった
チュッ
チュッ
チュッ…
窓際に立ったその瞬間から自分が
「当事者」であったことを―

友人とキャンプへ向かう途中――
おっ夏の風物詩！
バーベキューしてら！
はやく！
アハハハ
ベッタベタだよな〜！
ハハハ
…おい
あの…
あの家族が焼いてるの…
あれ…
人形…！
はやくっ
はやく！
まだかな
まだかな
はやくッはや
くッはやくッ！

失くしたものと、想いの強さと

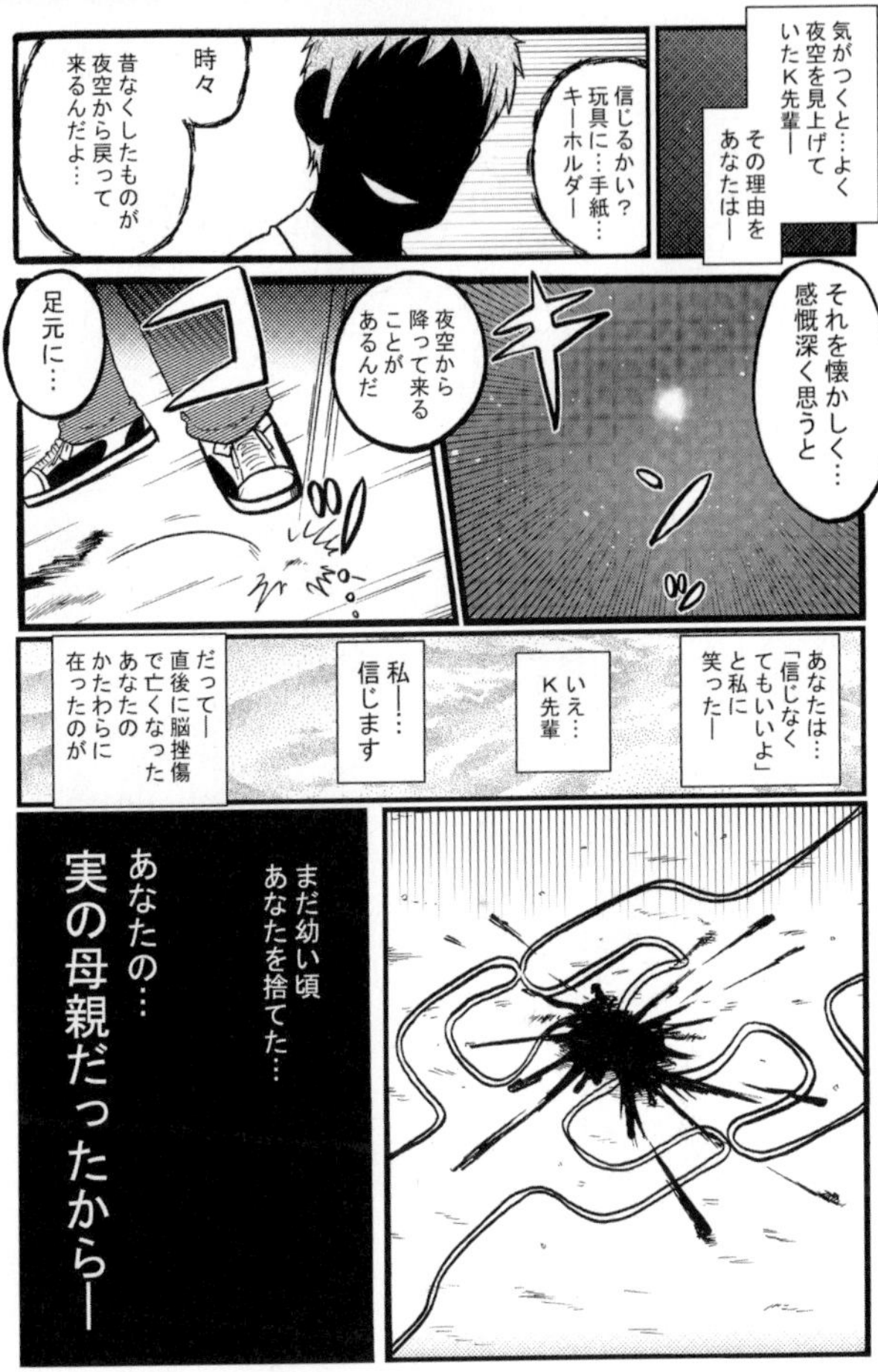

ルリクの罠～ハートに非をつけて

ルリクの罠〜行くな！

ネットで今噂になってる
いわく「最恐の行ってはいけない廃墟」
ギッ…
よっと…
ひぃふぅみぃ…
え〜と…
今日は
わっ！五人も！
すごいですよ！ゆずっていただいた「廃墟ホイホイ」この星の人さらう時の手間はぶけてすごい便利です！
やっぱり「行くな」て書いた方が
すっごい効果が絶大で…
超怖い！最恐廃墟発見
投稿者：ルリク 08年 9月13
京都府北京区南山町の南東山林
深い因縁のあるいわくつきの廃

深夜ー
ふいに窓の外が
強く光ったと感じた瞬間ー
気がつけば
あ…
あの…
すみません
突然誘拐しちゃって…
…宇宙人？
えーあー
はい…
一番近い概念なんでソレでいいですもう
あの
「カエサルの屈服」って深夜番組覚えてらっしゃいますか？
…あー
あれってマスターテープが現存してないらしくて…ローカル局だったし録画もほとんど残ってないんです
第8回は特に現存してなくて…
ぶっちゃけ
あなたの脳内記憶に一番多く残ってるらしいんですよ…！
それでその記憶…提供して下さいませんでしょうか？
楽しみにしてる…「上の人」のために…

―選択権…
ないんだろな
いいけど
…別に
ありがとう
ございます!
ス
?
これを鼻から脳に
入れてスキャン
するんですけど…
うへっ…
ちょっとモゾモゾ
感じますけど…我慢
していただけますか?
ぬ
ぽ
ひゃっ…
…大丈夫
ですか?
う…うん少し…
気色悪いくすぐっ
たさだけど…
よかったー
じゃ!
残りも入れ
ますね!
ちょッ…
ほごごごごごごごごごッ
ふびびびびひぎひび

その社長夫人は初対面で
すさまじい注文を口にした
あの
なんとかして人間の手って入手できないでしょうか？
え…？
ほッ…ほら手の甲とか血管見えてるでしょッ？
あれッ！切り出して！
びぃーッて引っ張り出したいのッ！
びぃーッてッ！
「流石に無理です」と伝えると
で…ですよね〜…
と彼女は反応したが—
その目は絶えず…
絶えず僕と自らの手の甲を
交互にッ！

今思えば ネタとしか思えない両親の問い
コーちゃん
弟と妹 どっちがほしい？
うーん いもうと？
よくわからずに答えてしまった
その晩―
パパ… ママ…
うがぺら様 ウガペラ様
どうが メスの子を ゴリンド ください
ルガぺん・ロドして せねばシズルドぐ ルビルビルピすぐば
妹ですか？
普通ですよ？ 十歳になった …今はまだ
ただ右肩に
妙な文様が あること
それ ぐらいで
――僕の右肩と、同じく……――

その晩も「奴ら」は
現れた
ねんぐ！ ねんぐッ
ねんぐ！ ねんぐッ
ねんぐ！
奴らはいつもそう叫びながら
オレの家の食料品を
ちょうど半分ほど持って行く
だから今日オレはちょっと工夫して
家の食料をカラにしててやったんだ
これで何もとりたてられずに…
諦めてもう来なくなってくれれば…
ない！
ないッ
せっぷく！
せっぷく
せっぷく！
せっぷく
ショウガナイネ！
せっぷく！
せっぷく
せっぷくッ
せっぷく！

浦島太郎もかくやと思う光景だった—
子供が
何かを…いじめていた
死ねッ
早く死ね！
カス！死ねッ！
止めようかと思って気付く…
え？あれ…
お菓子のアメの…アルミ缶？
CANDY
…あーなるほど…
ムカつく奴の代わりにあの缶殴ってストレス解消か…
なーんだ…
そうあってほしかった僕の推測は
次の瞬間、崩れ落ちた…
ごめんね…ごめんねっ三色アメ！
もう二度と暴力はふるわないからっ！
ごめんねごめんねごめんね
ごめんねッ！

返却

私の部屋から度々物が失くなるのに気付いたのは
あっ…あれ？
今度はおしょうゆ？
つい最近のこと
そして失くなった物はいつも少し経つと
おしょうゆすこしおかりしました
…というメモとともに郵便受けや部屋に戻って来るのだ——
別にいいや…と楽観していた…ある日——
……あれ？
ひどく深く長い眠りから覚めた私に
それは…「親切にも」告げてきた
…！
お脳をすこしおかりしました。

遺魂～ユイゴン

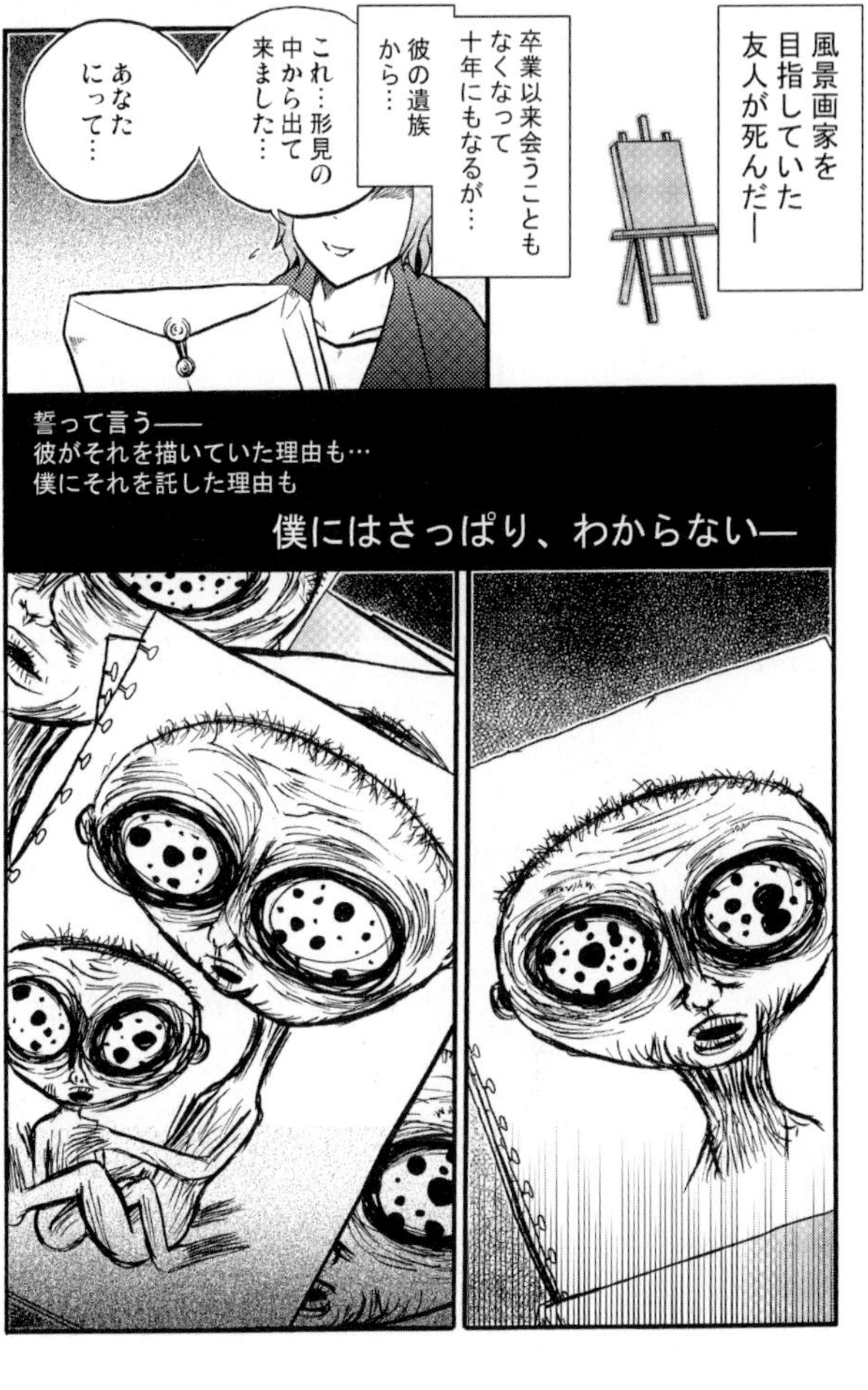
風景画家を目指していた友人が死んだ―
卒業以来会うこともなくなって十年にもなるが…
彼の遺族から…
これ…形見の中から出て来ました…
あなたにって…
誓って言う――
彼がそれを描いていた理由も…
僕にそれを託した理由も
僕にはさっぱり、わからない―

あれ？お姉ちゃんの地区って
ゴミ袋まだ透明じゃないんだ？
45リットルゴミ袋
あ…うん…
…もし透明なの義務化されたら
引っ越すかも…
？
…通勤途中にね…
よく捨ててあるのよ…
興味を持たないように今でも必死なのに…
もし…もし透明化されちゃったら…

「ひとりごとを
つぶやきながら
近づいて来る人影」
一昔前なら
ちょっと身構えた
こういう場面も
カッ
うん
ハハ…
もちもち
アハハ…
ケータイが
普及して
別段構える
ことでも
なくなった
でも…だから
と言って
私達は
油断がすぎていないか
そんな
また～
アハハ…
やだもー
違うって
うんっ
もちろんっ
うん今度の
日曜日！
ヒコ
待ってる
からねっ

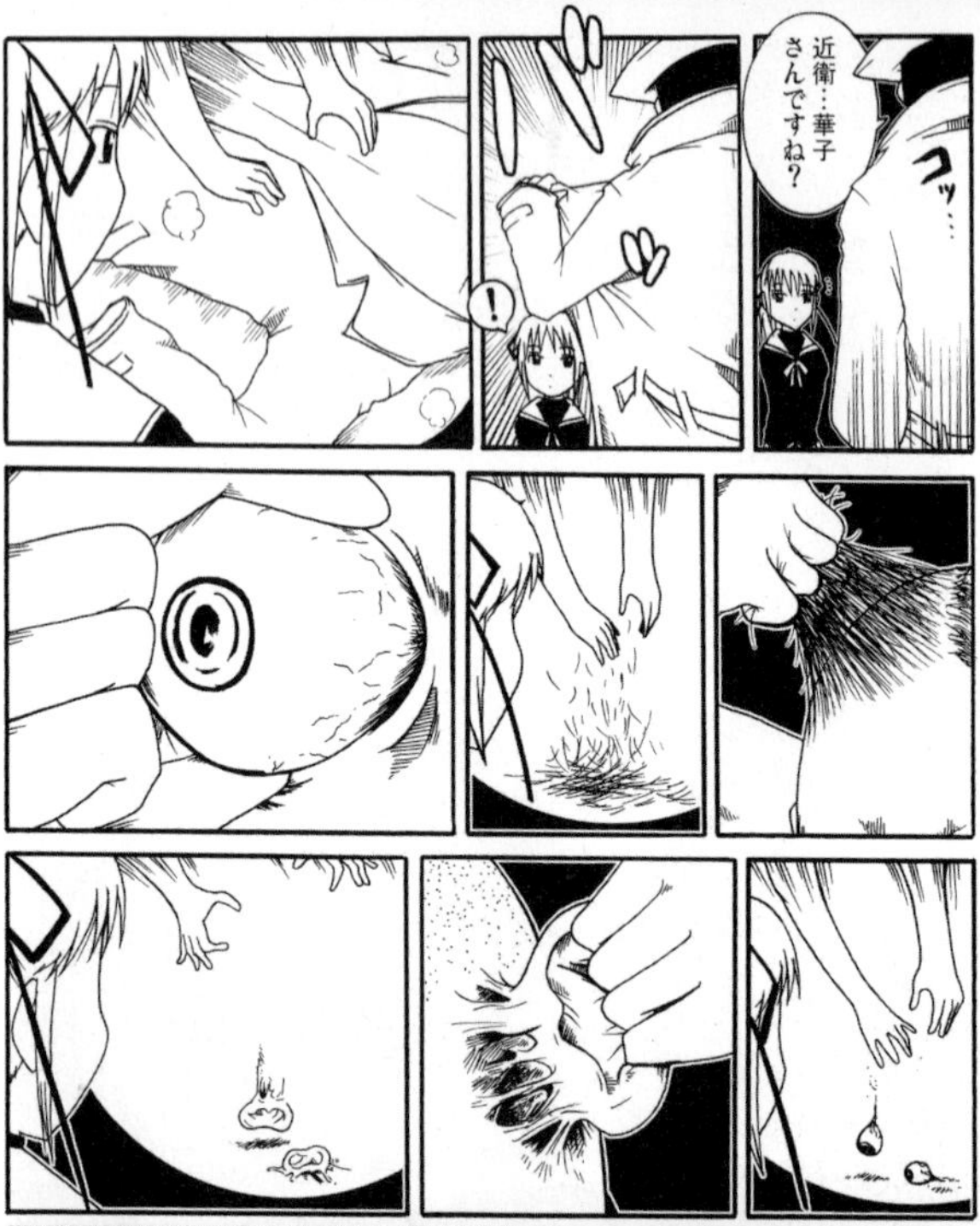
近衛…華子
さんですね？
コッ…
!

―という夢を見たのよね…律子…
えッ!?
さんざ引っ張って夢オチッ?
カチャ…
さア…夢かどうかは文字通り―
ボトボトボト
ボトボトボト
ゲタをはくまで―
わからない。

星海さんと、その彼氏〜一人目

星海《ほしうみ》さんと、その一人目の、彼氏の話
華ちゃんウチ来るのも
ダーリンに会うのも久しぶりよね〜
ダーリ〜ン♪今帰っ…
あ
ねぇッ
あれッ…
首…あれ…伸びすぎだよね
首吊ると少しは伸びるって聞いたことあるけど
いくらなんでも伸びすぎてないッ？
あ
いっけない
私ったら
あんまり首長いの面白すぎて
悲しむの…忘れてたッ！

彼氏が死んで
星海さんの元には遺髪だけが残った
ダーリン…これからは
ずっと…永遠に―
一緒だよ――
一ヵ月後―
星海さんあの遺髪やっぱり今も…？
あぁあれあのね
毎日毎日拝んでたら
なんか
変な念入っちゃったらしくて…
再生し始めちゃったのよねー…
それ…どうしたんですか？
やだなーもちろん捨てたってば
気持ち悪いじゃん！

星海さんの二人目の
彼氏の死について
だ〜れだ？
星海さん？
いや…ゴメンつい アテレコしちゃった
！
え？
それ…
誰？
星海さんのその彼氏は
その二日後に変死した
どうして…
…星海さんがアテレコして誤答させちゃったからじゃない？
あ――……

あれが？
うん…昨日から
星海さんの部屋の壁に現れた―
謎の…黒い影
あれ…多分
死んだダーリンだよ
面影…あるもんだから―
そう言って彼女は「それ」を受け入れた――
だが…
三日後
えッ？「やっぱ引っ越した」――？
いや…ね
面影あるとか私言ったけど―あれ…見えてたの…まだ…
鼻だった…
けっこう邪魔でテレビ観る時とか気が散るし…
越したの
……
そう…

また
現国の今川先生のチャックが開いている
けれど今日も私たちの中に
それを実際指摘したり
ましてや失笑する者もない
何故なら僕らは誰もが
その――股間を凝視して
言葉を…失ったことがあるから―
「先生股間に誰か住んでますよ」なんて言えないしね!…
生徒同士で「今日はお爺さんだったね」とか言い合うのにとどめてるんだってさ
えッ?
今日「は」?

とびだし注意。

注意
こどもがよく とびだします.
あれ?こんな看板…
あったっ……
けっ
!
注意
こどもがよく とびだします.
その出来事を
彼女は私にまくしたてた
あぁ…
確かに
よく…
とびだしちゃってるわ…

聞いて
華ちゃんー
うちの
息子が…
昨日
血まみれで
帰って来て…
どうしたの
ど…どうしたの
真治っ？
えぇと…砂場で
遊んでたんだけど…
そしたら…
ザク
ブッ
？
ぶッ……
だけど母親が
一番震えたのは
自らの子供
たちの
その次の
行動…！
おもしろいッ
おもしろい
おもしろいッ
おもしろいッ
おもしろいッ

兄

この廃墟で三年前見つかった
死因不明の変死体―
そのそばに遺されていたのは
―というメッセージ…
「兄」？
普通にその人の兄が犯人なんじゃ…
うぅん
一人っ子だったたって
ほほぅ私の好物な謎かけですな…
こんな怖いとこ来た甲斐もこれなら少しは
あ…
まんまッッ

カバンにキチンと入れた
コードやイヤホンー
後で取り出してみて
そのあまりのありえない絡まりっぷりに驚くー
妖怪
あるある…そりゃきっとこんなのが
スキみてくくってんのよ！
イヤホンくくり
んーなアホな…
ンな非科学的なことあるわけ…
ジー…
と言いつつ
スキアリッ！（笑）
なんつて！

私――
いくつぐらいに見えますか？
働き盛り…四十代くらいに見えるでしょ？
ところがこう見えて私…
六十一歳なんですよ
実はね…私と妻夫婦揃って
不老不死なんですよ
いや息子が魔術か何だかで方法見つけて
私らにプレゼントしてくれたんですよ
「何でそんなことしてくれたんだい？」って
息子に聞いたんです
そしたらね
「これで自分はずっと」
「ニートでいられる」―って
えぇもちろん息子自身は不死じゃないですよ
そんなの―「まっぴらごめん」だそうで

ただ、僕だけの杞憂～その1

あれは夢か現実だったか―
ん…
!
誰？
僕は…心の中の杞憂を食べる者です
その人の…その人だけの珍しい杞憂を探しています―
「杞憂《きゆう》」
――古代中国、杞の国に住むある男が
「いつか空が落ちて来るのではないか」
と常に心配していたという故事から「ありえないことを心配する」ことのたとえ
珍しい杞憂…？
あるわよ
私…実はね…
眠って…迎える次の日の朝が…少し怖いの
眠って意識が途切れて―
目が覚めるといつも思う…
私…
ちゃんとオリジナルの私なのかな？って―

寝てる間に誰かに私のオリジナルは連れ去られてて
私は―記憶を植えつけられたニセモノなんじゃないか―
いや私だけじゃない…!
友達も両親も…!誰もが頻繁に入れ代えられてるんじゃあ…?
どう?私の杞憂―?
変わってるでしょ?
なるほど…
確かに変わった杞憂ですが…
でも僕にはいただけません
!
だってそれ
まんざら杞憂でもないんですから
あれは夢か現実か
そして私は…
私か?

ただ、僕だけの杞憂〜その2

「杞憂《きゆう》」
――古代中国、
杞の国に住む
ある男が
**「いつか
空が落ちて
来るのでは
ないか」**
と常に心配して
いたという
故事から
「ありえない
ことを
心配する」
ことのたとえ

変な夢…
でも…
あるぜ…杞憂！
誰にも話したことないけど―
オレ
「永遠な未来」が怖いんだ
未来ですか？
ああ
未来ってオレが死んでも続くだろ？
時間は無限に続くんだから
人類が滅んでも地球がなくなっても…

だとしたら―
「死んだ人間や星を蘇らせる未来もいつか来るだろう」
「いつか死んだオレも蘇らせられる未来も来るだろう」
「そして何度死のうが殺されようがまた蘇る未来もいつか来るだろう」
「世の中のありとあらゆる地獄を体験する未来もいつか来るだろう」

だって未来は…無限にあるのだから

そんな妙な杞憂を…
オレは子供の頃から
ずっと反芻していた
誰にも…
言わずに…
オレの杞憂は…
お前の腹を
満たせる杞憂
だったかい？
…なるほど
あなたの
杞憂も
ごもっとも
です
!
ですが
その杞憂
は――
オーストラリア
の十代の少女
から
食べたこと
があります
代わり
として
あなただけの
かけがえのない
記憶すべて――
味わわせて
いただきます

フツーの食卓

ママ…聞いて…
今日春香んちに行ったらー
！
コト…
ごはん入れて来たのよ…
カフェオレに！
いただきまーす
ちょっ…キモい食べ方やめてよ春香ッ…！
…って言ったらー
ーえ？
フツーじゃん
カフェオレめし！
ママ…春香ちょっとおかしくなっちゃ…
カチャ…
！
は？フツーでしょ？
カフェオレめし
食の定番！ケチャップひややっこ
カフェオレめしにとっても合いますよね〜！
あれ…フツー…
だったような…

目が覚めれば拘束下…
ん…
あそっか私…
拉致られたんだー
ご…ごめんなさいねー…
ウチの息子がね…
どーしても新しい女の人欲しいって暴れるのよ…
ごめんなさいねー…
でも安心して！今日こそ…
今回こそ！
ピッ ピッ
私ー息子にビシッ！っと言ってやるつもりだから！
！
もしもし！タカフミ？あなたもういい加減にしなさい！
我慢なさい！
いいじゃない死んでたって！
大変なのよ！生きたままって！
我慢なさい！
いいじゃない！
死んでたって！

お姉ちゃん私よくやったたよね？
もう3メートルは行ったし…もういいよね？
？
どしたの律子？
あのね…下校中ふと見たら…
砂浜に…
！
大変だ！って思って…
ずるずるずるずる
ずるずるずるずる
いいよね…っ？
もう3メートルは行ったし…
もういいよねッ？

「怪談お好きなんですよね？」
その答えに「もちろん」とうなずくと彼は
「それが幽霊じゃなく…UFOに関する怪談でも？」と…
僕はもちろん——首を縦に振った！
「僕が…小学生だった時の話なんですけど…」
あー夏休みも半分終わっちったよ…
なーんかオモシレーことねーか…
な…
ヒュンッ
えっ…あれ…
まさか…
ユーフォ…
！

ピッ…
ずりッ
ぢゅッ
りゅッ
「あの『舌』にもし舐められていたらと思うと
今でも怖気がします
ほら少しだけかかったんですよ
足に…
今でもここだけ　うぶ毛も生えなくて…」

恋人の早苗から打ち明けられたのは――
あのね…うちのお母さん
「宇宙人が地球人にまぎれこんでる」って信じてるの…
!
ハハ…
「宇宙人は目が臭いからすぐわかる」んだって…
笑っちゃうよね…
早苗…
ヤだよね…そんな母親いる私と結婚するの…
大丈夫 大丈夫だって早苗…
オレ…そんなの平気だから
ありがと…修司…
ん…
…
!
あれ…?修司あなた…
ちょと目…臭くない?

秩序とカオ（ハズ）ス

友達以上恋人未満が一番
楽しい時期って言うが…
ねぇ
そんな均衡を
破ったのは甘い告白
なんかじゃなく…
勝久って
さー…
もう顔
外せる？
え？
ーフッー外せない
と…思うけど…
えー…？
うちのパパも
ママも
お兄ちゃんも
外せるよー
「どうやるの」
って聞いた
らねー
「お前も
いつか外せる
ようになる」
って…！
——そんな
彼女から
ある日…
聞いて！
聞いてよ
勝久！
すごい
すっごい！
私！　できた！
今日ッ！
顔外せる
ようになったッ！
今すぐ
うちに来て！
早くッ！
怖かった…けれど
「それ以来逢ってません」
と言った時の…
みんなの…
「行けよ！」という
好奇と期待の
こもった目の方が
僕は…
もっと
怖いんです

べらぼうに安かった家賃―
深夜二時に金縛りと来れば…
ピキッ
げッ！まさか…幽霊？
ドクン…
…て何だアレ？
現れたのは――
？
ツノ？ん？
老婆とか髪の長い女とか落武者とか…
あらゆる怖いもの覚悟したのに…
疲れが…勝った…
いいや…寝よ…

この街のあの場所…
あの空きビルの角—
コッ…
コッ…
その場所には「誘惑」が潜んでいる
殴ってあげよっか?
殴ってあげてもいいよ
殴らせてみない?
殴らせてくれたら…
記憶選んで消せるよ
忘れたいこと
殴って消せるよ
しようよ消せるよ
忘れたいこと
殴って消してあげるよ?
小六の時のおもらし…
嫌な元彼との記憶…
忘れたいこと…ないわけじゃあないけど…!
時々…時々…
手元…狂うけどね
そのさりげない一言が…
いつまで私の心のストッパーでいてくれるだろうか…?

「夜中に爪を切ると親の死に目に会えない」
パチッ…
そんなカビの生えたような迷信―
へぇ…
若い彼女は知らなかったという
その晩―
バチンッ
バチン…
おいッ…なッ…
やめろ！やめろってば！
バチッ
どこまで切ってんだよ！
バチ
バチンッ…
ど…どうしたんだよ！
バチ…
バチッ
もう…ッもう二度と会いたくないのよッ
あんな親ッ！
たとえッ…
死に目でもッ！
バチン
いいこと聞いた
いいこと聞いたッ！
バチン

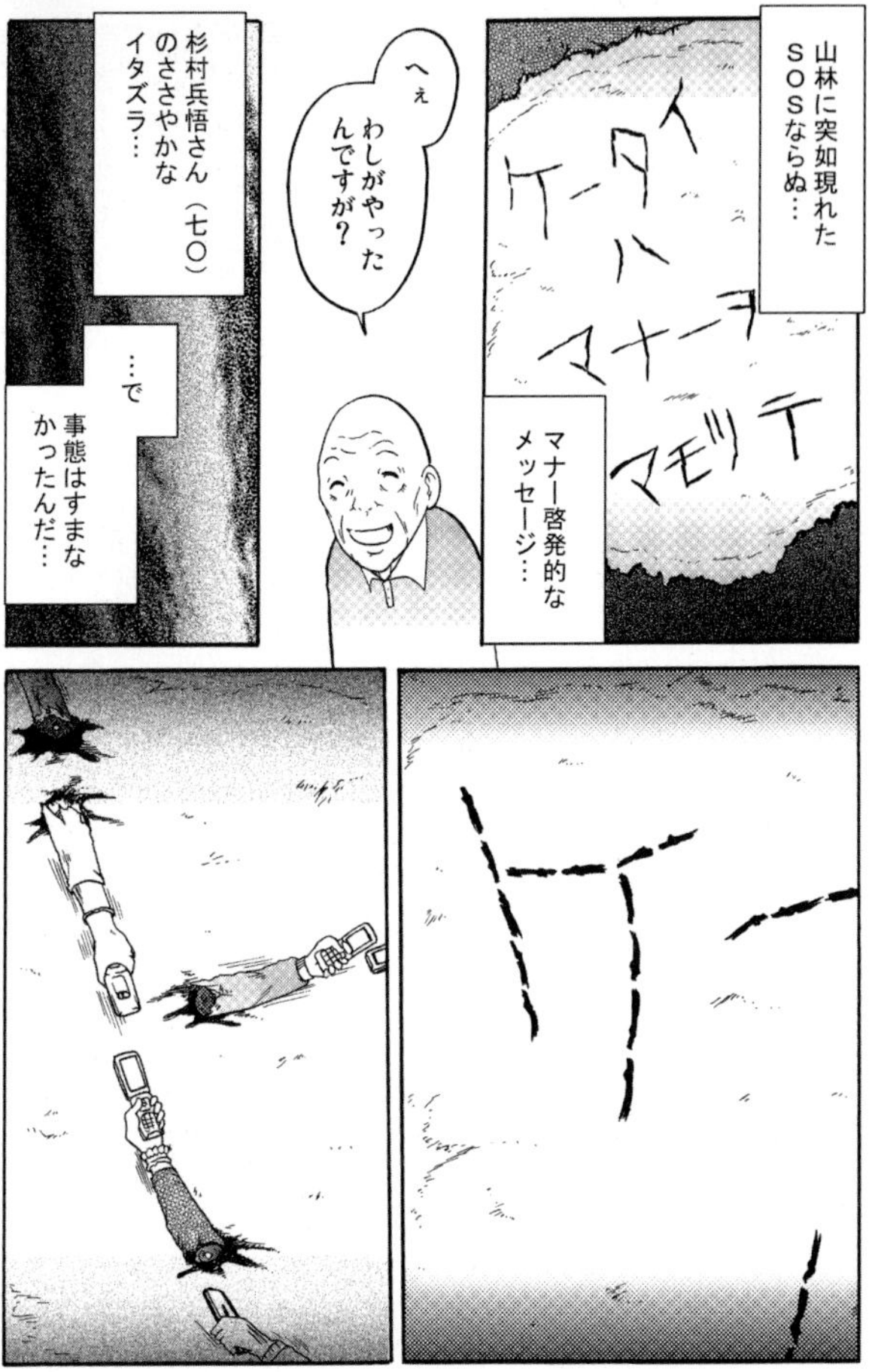
山林に突如現れた
SOSならぬ…
マナー啓発的な
メッセージ…
へぇ
わしがやった
んですが？
杉村兵悟さん（七〇）
のささやかな
イタズラ…
…で
事態はすまな
かったんだ…

「その老人」がいたのは公園――
あぁ…食べにくい
モグ
モグ…
本当に
食べにくい…けれど
モグ
モグ
こだわらなけりゃあ
これも――案外いい
―ホント?
ホント!ホントなんだってば!
あっちの公園に…
歯が指ッ…!
えー?
もういいってそんなウ…
ガッ
ソ…
ホント…
ホントだってば…

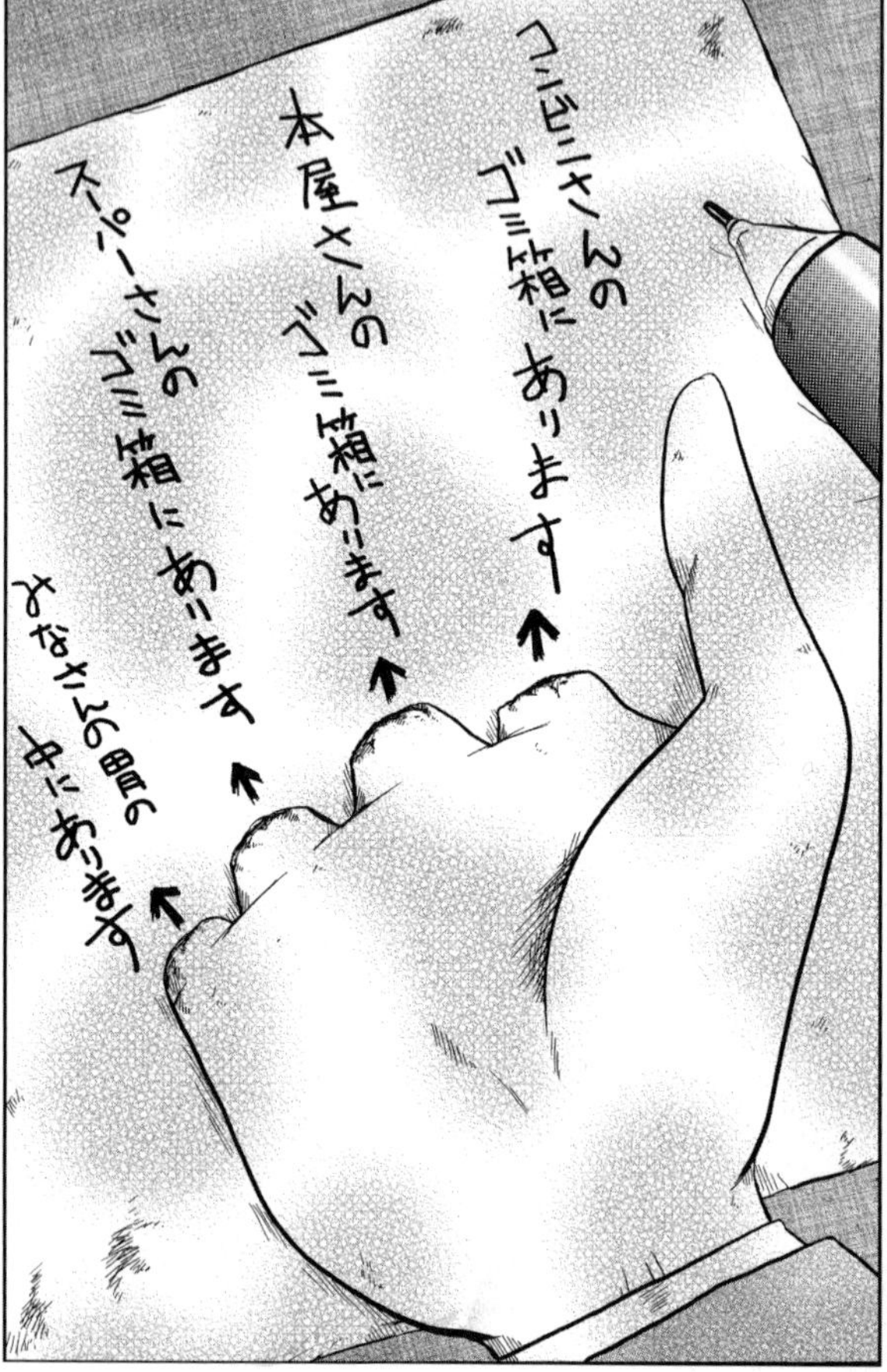
コンビニさんのゴミ箱にあります
本屋さんのゴミ箱にあります
スーパーさんのゴミ箱にあります
みなさんの胃の中にあります

第二章

本当にある話だから怖い——。

実話怪奇譚
西浦和也

犬が吠える

骨董《こっとう》屋のSさんの店先には、太郎という柴犬がいる。

太郎は十年ほど前、知り合いの家から貰われてきた。元々室内犬として飼っていたのだが、いつからか朝になると店先に座るようになった。

大人しくて商店街の人たちにも可愛がられている太郎だが、時折お客を見て吠えることがある。そうしたときは、不思議と持ち込まれた品がまがい物だったり、持ち込んだお客が万引きの常習者だったりした。

おかげで、Sさんは度々難を逃れることができたという。


ある日のこと。久しぶりに店先で太郎が吠えている。

しばらくすると、店にお客がやってきた。

四十~五十歳くらいで、派手なスーツを身に着けた男だった。指には、金色に光る大振りの宝石が埋め込まれた指輪が幾つもはめられていて、羽振りの良さが窺える。

男は、持っていた鞄の中から綺麗に包まれた風呂敷を取り出すと、カウンターの上に載せた。

風呂敷の中には、小さな陶器が入っていた。

それは、飴などを入れるボンボニエールと呼ばれる器だった。

黒地に細かな金細工の模様があしらわれたそれは、一目見て二百年ほど前のフランス・セーブル社の真作であることは判る。

男は「小金が必要なので、すぐにでも引き取ってもらえないか」と言う。

確かに出物に見えたが、店先では相変わらず太郎が吠えている。

そこで、Sさんはとりあえず鑑定させてほしいと頼み、器を数日預からせてもらうことにした。


Sさんはその夜、書斎で器の価値を調べることにした。

デスクの上に器を置き、本棚から出した資料と見比べてあれこれと調べた。

書斎に篭もって、小一時間ほど経ったころ。

〈カタカタカタカタ……〉

目の前で、器の蓋《ふた》が音を立てながら細かく震えだした。

一瞬、地震かと部屋の中を見回したが、どうも違うようだ。

Sさんは手を伸ばすと、器を手に取った。

手の上に載せても、蓋はカタカタと音を立てている。

Sさんは嫌な予感に苛《さいな》まれながらも、蓋を摘《つま》んでそっと持ち上げてみた。

覗き込んだ器の中には、女がいた。

正確に言えば、器の内側に固く閉じられた女の右目が見えた。こちらに向けられた右目の瞼《まぶた》には青いアイシャドウが塗られている。

驚いて、器を放り出そうとしたが、器を持った姿勢のまま身体が動かない。

――アイシテルノニ……。

器の中から、嗄《しわが》れた女の声がする。

閉じていた女の瞼が、少しずつ開いていく。

赤く充血した眼球が現れた。

虚ろな視線は天井を見つめている。

このまま見ていてはいけない――Sさんは必死に抗うが、器から視線が離せない。

――アイシテルノニ、アイシテルノニ……。

嗄れた声が、針の飛んだレコードのように同じフレーズを繰り返している。

そのうちに女はSさんに気付いた。虚ろだった視線をゆっくりとこちらへ向ける。

女はその目から白く濁った淡い光を放ちながら、Sさんを見つめている。

――ワン、ワン、ワン、ワン!!

突然、横合いからもの凄い勢いで太郎が飛び込んできた。太郎はSさんの手にあった器をはじき飛ばした。

器は、はじかれた勢いで宙を舞い、そのまま床の上に落ちて〈ゴッ〉と鈍い音を立てた。

次の瞬間、Sさんの身体に自由が戻った。太郎は何事もなかったかのようにSさんに向かって飛びつき、その顔をペロペロとなめ回した。

床に落ちた器は、真っ二つに割れていた。

翌日、Sさんは器の持ち主の男に電話を入れ「うっかり器を壊してしまった」と謝った。高額な弁済を求められるものと腹を括っていたが、男は『そうですか』とだけ答えると、何も弁済を求めようとはしなかった。

謝りの電話を切る間際、男はSさんに『面倒を掛けました』と呟いた。

以来Sさんは、太郎が吠えるお客は相手にしないことにしたという。

今も太郎は商店街の人たちに可愛がられながら、店先に座っている。

トーマス

Tさんが以前勤めていた鉄道会社の話。

数年前、最終電車で男の飛び込み自殺があった。

覚悟の自殺だったらしい。線路の上に立ちふさがるように飛び出したため、ブレーキも間に合わず、男は正面から撥《は》ねられたという。

事故後の点検で、事故車両には目立った故障箇所が見つからなかったことから、車両はすぐにダイヤ編成に戻された。

しかし、それ以来、最終電車で奇妙なことが起きるようになった。

走行中、あの自殺現場に差し掛かると、線路の上に男が立っているのだという。慌てて急ブレーキを掛けるが、辺りには何も見あたらない。

同様の目撃例が繰り返される度に、ダイヤの乱れが起こる。事態を重く見た会社は、車両のお祓いをすることにした。

操車場に車両を引き入れ、Tさんを含めた社員たちがお祓いの準備をしていると、仲間のひとりが車両に異常があると言い出した。

見れば、先頭車両の正面がかすかに歪んでいる。

多分、衝突したときにできた跡だろう。

普段では気付かない程の凹凸が、光の反射加減でよく見えた。

車両中央、連結器の少し上の所にひときわ目立つ凹凸がある。

Tさんが何だろうと近づいてみると、それは人の顔の形に凹んでいた……。

お祓いは行われたが、結局凹凸は修理に費用が掛かるのと、運行上問題ないという理由でそのままにされた。

やがて、この車両は社員の間で『トーマス』と呼ばれるようになった。

その車両に乗っていると、今も男の幽霊が線路の上に立つのが見えるという。

段ボール箱

Rさんが大学生の頃。

講義が休講になったので、次の講義まで時間を潰すため学校の近所を散歩していた。

近くの公園にあるベンチに腰を下ろし、何となく園内の様子を眺めた。

広い園内では、多くの子どもたちが遊具を使ったり、走り回ったりして楽しそうに遊んでいる。

たまにはこんな時間があってもいいなと安らいでいると、砂場に薄汚れた段ボール箱が捨ててあることに気が付いた。

(まったく、こんな所に捨てたら子どもが遊ぶのに邪魔だろうに……)

Rさんはベンチから腰を上げ、砂場へ向かった。

彼は段ボール箱を拾い上げようと手を伸ばしかけたが、箱は昨日の雨のせいか表面がびっしょりと濡れ、そこに砂や落ち葉がくっついていて汚い。

手を汚すのが嫌になったRさんは、段ボール箱を足で蹴り飛ばした。

――ぎゃぁぁぁぁあっ！

蹴られた段ボール箱から、男の絶叫が上がった。

公園にいる人たちの視線が、一斉にRさんに集まった。

慌てて段ボール箱を拾い上げ、中を確かめた。

しかし、中には人どころか何も入ってはいなかった。

気まずくなったRさんが公園を後にしようとしたとき、砂場近くの木の陰にホームレスの小屋が並んでいることに気が付いた。

木の根元に、ペットボトルのお茶とおにぎりが供えてあったという。

おみくじ

Nさんは、彼氏との旅行を兼ねて京都のS神社に初詣に行った。

お詣りを終え、おみくじでも引こうかという話になった。

おみくじ箱を振り、出てきた竹の棒を巫女に渡す。

巫女は、竹の棒に書かれた番号の籤《くじ》を取り出すと、彼氏に渡した。

『凶』

籤にはそう書かれていた。

さすがに正月早々『凶』では気分が悪い。

彼氏は、口直しだと言って、もう一度おみくじを引くことにした。

しかし、再び渡された籤も『凶』と書かれている。

Nさんは、ここの神様と彼氏は相性が悪いのかもしれないと思った。そこで、彼氏の手を引いてF神社へと向かった。

『大凶』

気分を直して参拝し、三度《みたび》おみくじを引いた。

彼氏はおみくじを破り捨てると、黙ってホテルへと帰ってしまったという。

京都から戻ってしばらく経った頃。突然、彼氏と連絡が取れなくなった。

アルバイト先に行ってもアパートに行っても、彼氏の姿はどこにも見あたらない。

何が起きたのかと心配していると、彼氏の実家から連絡があった。彼氏の親の話では、彼氏は急病を患って入院しているという。

慌てて病院へ駆けつけると、そこに人工呼吸器を着け酷くやせこけた彼氏がいた。

一目見ただけで、かなりの重症と判った。

病院からの帰り道。Nさんは近くの神社に寄って、彼の病気が治るよう願を掛けた。そして、今度こそはと彼氏の代わりにおみくじを引いてみた。

しかし、出てきたおみくじには、『凶・病治らず』と書かれていた。

数日後、治療の甲斐もなく彼氏は息を引き取った。

Nさんは、おみくじの類はもう二度と引かないと誓った。

おまけ付き

Eさんが、その絵を買ったのは半年ほど前のこと。

その日は、普段はあまり見ないネットオークションをたまたま眺めていた。

すると、非常に気になるタイトルがEさんの目に留まった。


【イラストレーターA「貴婦人」の原画・おまけ付き】
・イラストレーターAの原画です（保証書付）
・美品ですが、中古のため額などに細かな傷などあります
・おまけもお付けします。落札後のクレーム、返品はご遠慮下さい

Aの作品は人気が高く、市場にはリトグラフなど複製画は数多くあるものの、原画は滅多に出回ることはない。

しかも、この「貴婦人」は、Aの代表作のひとつと言える程の人気作品だ。

以前からAの大ファンだったEさんは、大枚をはたいてこの絵を落札した。

後日送られてきた絵は、申し分のない物だった。

憂いの表情を浮かべた貴婦人の存在感、原画のみが持つ迫力にEさんは鳥肌が立った。付いてくるはずのおまけは見あたらなかった。入れ忘れだろうかと少し気になったが、それをさっ引いても全く納得の買い物だ。

Eさんは、この絵を早速応接間の壁に飾った。


しばらくすると、奥さんが絵を外してほしいと言ってきた。

理由を聞くと、子どもが「部屋に人がいる気がして怖い」と言うらしい。

確かに描かれている貴婦人の存在感は、子どもには怖いと感じられるのかもしれない。

Eさんは絵の凄さに、益々惚《ほ》れ込んでいった。


ある夜のこと。応接間のソファーに座ってこの絵を眺めながら酒を呑んでいるうち、Eさんはいつのまにか眠りに落ちた。

ふと目を覚ますと絵の前に誰かがいる。

背広を着た男がこちらに背を向け、絵を眺めている。

(泥棒だ！)

咄嗟にそう思ったEさんは、ソファーから立ち上がった。

次の瞬間、男の背中は渦を巻くようにぐにゃりと歪み、そのまま絵の中へ吸い込まれていった。

Eさんには何が起きたのか判らない。ひとりその場で立ち尽くすしかなかった。


ある日、一通の手紙が届いた。中を開けると、手紙にはこう書かれていた。

『前略　以前【イラストレーターA　「貴婦人」の原画・おまけ付き】をご落札頂きありがとうございました。お約束のおまけを当方の手違いで同梱し忘れましたので、改めてお送りします。なお、おまけの効果は一年で切れますので、以後は落札者様のほうでご準備頂ければと存じます』

封筒を覗くと、中には〈高野山〉と書かれた御札が入っていた。

セキモト先生

幼稚園に通うSさんの娘、和子ちゃんが最近変なことを言い出すようになった。

「きょうね、セキモトせんせいとあそんだの……」

和子ちゃんは楽しそうに、あんなことやこんなことをしたと話している。

しかし、Sさんには〈セキモト〉という名前に覚えがない。

新しく入った先生なのかと尋ねると、ずっと前からいる先生だという。

気になって、同級生の母親に尋ねてみるが、皆〈セキモト〉という先生は知らないと口を揃える。

子どもは、自分の心の中に想像上の友達を作ると聞いたことがある。きっと〈セキモト先生〉も彼女の想像が生んだ先生なのだろうと思った。

ある日のこと。

幼稚園から帰ってきた和子ちゃんは、いつものように〈セキモト先生〉の話をする。

「それは楽しかったね。明日もセキモト先生と遊ぶの？」

「ううん、これからあそぶの」

Sさんは首を捻った。

「だって、せんせいそこにいるんだもん」

そう言うと和子ちゃんは、Sさんの肩口を指した。

「せんせいがね、ママはきょうおともだちとおスシたべてたって……」

確かに昼間、近所の奥さんたちとお寿司を食べに出かけた。しかし、それを娘が知っているわけがない。Sさんは、娘の言葉にゾッとした。

やがて和子ちゃんは、誰もいない部屋の壁に向かって〈セキモト先生〉と話し始めた。


夜になって、Sさんの旦那が帰ってきた。

旦那はSさんの話を聞くと、子どもの言うことを気にするなんてと、鼻で笑った。

家族で夕食を取っていると、突然和子ちゃんが思い出したように言った。

「パパ、おひるにいっしょにいたおねえちゃんはだ〜れ?」

旦那の顔色が一瞬で変わると、驚いた顔で和子ちゃんを睨み付けた。

「セキモトせんせいが、ホテルってところにいったって……」

しばらくして、Sさんは旦那と別れた。

和子ちゃんはSさんが引き取ったが、セキモト先生は今も和子ちゃんの側にいるらしい。

時折、真夜中に布団の上に座り、壁に向かって誰かとしゃべっているのを見るたび、和子ちゃんを引き取ったことを後悔するという。

未だに〈セキモト〉という名前に思い当たる節はない。

リモコン

最近引っ越したFさんの部屋では、度々テレビのリモコンが消えるという。

それは決まって、テレビを見ている最中に起きる。

コマーシャルの合間や、番組がつまらなくてチャンネルを変えようとするときに限って、リモコンが見つからない。

たった今、目の前のテーブルに置いたはずだと、周りを探してみてもどこにもない。

結局あきらめてしばらく気を逸らしているうちに、最初からずっとそこにあったかのように、テーブルの上にリモコンがチョコンと置かれている。

始めのうちこそは、自分が惚けているのかなぁと思っていた。だが、毎日のように同じことが繰り返されていくうちに、これは部屋の中の見えない誰かがやっているんじゃないか？　と思うようになっていった。


ある日のこと、Fさんはリモコンが消えるタイミングの共通点に気が付いた。

それはいつも決まってテレビにアイドルグループのKが出ているときだった。

Ｆさんはそれを確かめるため、テレビを点けてＫの出ている番組に合わせた。

そして、リモコンを目の前のテーブルの上に置いた。

テレビを点けてしばらく経った頃、そろそろチャンネルを変えようかとテーブルの上を見ると、さっきまであったはずのリモコンが消えている。

辺りを見渡しても、リモコンは見あたらない。

（やっぱりＫに関係あるんだ）

そう確信したＦさんは、一旦テレビを消そうと、テレビ本体のスイッチに手を伸ばした。

〈オネガイ、ケサナイデ……〉

耳元に、か細く懇願《こんがん》する女の声が聞こえた。

Ｆさんは、思わずスイッチから手を離した。

以来、Ｆさんは番組表をチェックしては、あえてＫの出ていない番組を見るようにしている。そのうち、声の主がＫ見たさに、どんなことをしてくるのか楽しみなのだそうだ。

旭山動物園

Cさんの所に、最近引っ越したという友人から電話があった。

「旭山動物園みたいな部屋だから遊びに来いよ！」

友人の言い分は不明だったが、久しぶりに会おうかということになって、Cさんはその友人の新居を訪ねることにした。


遊びに行ってみると、動物園とはほど遠い洒落た部屋にCさんは面食らった。

「よく来たなぁ！　挨拶はともかくまずは一杯！」

部屋には、まだ引っ越しの段ボールが残っていたが、二人は空いている場所に腰を下ろすと酒を呑み始めた。

昔話に花を咲かせながら酒を酌み交わすうちに、いつしかCさんはその場で寝入ってしまった。


「起きろ！　C起きろよ！」

友人の声に目を開けると、部屋の中は真っ暗になっていた。

カーテンの隙間からわずかに入り込む外灯の光が、部屋の中をかすかに照らし出している。

(うっかり寝てしまったのか……)

眠い目を擦りながら辺りを見回していたときだった。

部屋の天井付近で何かが動いた。

天井から青白いものがゆっくり降りてくる。

何事かと見ているうちに、それが逆さ吊りになった女の姿だと判った。

ショートカットに白っぽいワンピースを着た二十歳くらいの女が、頭の先から段々と姿を現した。女は天井から床へ逆さのまま、ゆっくりと降りてくる。

ワンピースの裾は風にたなびくようにひらひら揺れている。

やがて、女は頭から吸い込まれるように床へと消えていった。

突然の光景に絶句していると、耳元で友人の自慢気な声が聞こえた。

「な、旭山動物園のアザラシみたいだろ」

次元エレベーター

Mさんの通う、東京T区にある専門学校での話。


ある夏の日のこと。

Mさんが校舎五階の廊下を歩いていると、エレベーターホールに立つ男が目に付いた。

エアコンの利いている校内とはいえ、分厚いコートを羽織って、顔を隠すようにフードを被った姿は、あまりにも季節はずれだった。

「とにかく奇妙な奴で、この時期あんな格好で馬鹿じゃないか？　って思いましたよ」

やがて、エレベーターの到着を知らせるチャイムが鳴った。

ドアが開くと、男は誰もいないエレベーターに乗り込んだ。

エレベーターのドアが閉まると、間髪を入れずに再びドアが開いた。

（ドアにコートの裾でも挟んだのだろうか？）

と思っていると、エレベーターの中から学生たちがゾロゾロと降りてくる。

今、男が乗り込んだときにはエレベーターには誰も乗っていなかった。

瞬きひとつできるかどうかの一瞬の間で、別の階まで行ってこられるはずもない。

何が起きているのかと、Mさんはエレベーターを覗き込んだ。

学生が降りた後のエレベーターの中には、あのコートの男はいなかった。


数日後、教室に残って課題をこなしていたら、廊下でバタバタ走る足音が響いた。

大きな音を立てて教室のドアが開き、同級生のGさんが飛び込んできた。顔が真っ青で、全身を小刻みに震わせている。

とりあえず椅子に座らせて落ち着かせると、Mさんは何が起きたのかを尋ねた。


帰り支度を済ませたGさんは、エレベーターを待っていたという。

しかし、荷物の積み卸しでもしているのか、エレベーターの表示は途中の階からいつまで経っても動かない。業を煮やしたGさんが階段で下りようとしたときだった。

チン、とエレベーターの到着を告げるチャイムが鳴った。

見上げると、到着階の表示は途中の階で止まったままだ。

突然、目の前のドアが開いてゆく。その隙間からは黄緑色の光が溢れ、ドアが開ききるとエレベーターホールは黄緑色の光に染まった。

やがて、エレベーターの中から、黄緑色に光る男たちが何人も降りてくる。

Gさんは驚いて立ち尽くした。しかし、男たちはGさんの横をすり抜けると、一列になって廊下の奥へ進んでいく。

再び、チンとエレベーターの到着を告げるチャイムが鳴った。

そのとき、何かがパチンとはじけた。

ホールを染め上げていた黄緑色の光は一瞬にして消え、廊下を歩いていた男たちも姿を消した。振り返ると、たった今まで開いていたエレベーターのドアが閉じている。

〈ガ――――――――ッ〉

目の前で、何事もなかったかのようにエレベーターのドアが開いた。

それから間もなく、このエレベーターは使用禁止になった。欠陥があったとか壊れていたとか色々憶測が飛びかったが、理由は判らなかった。

「外国製のエレベーターだったんで、やっぱりなって思いましたね」

今も、件《くだん》のエレベーターは使用禁止のままだという。

箪笥《たんす》

Aさんは実家にいる頃、祖母の部屋が怖かった。

物心付いた頃には既に祖母は亡くなっていたが、祖父の意向もあって部屋はそのままになっていた。

部屋の中には祖母の遺品が残され、嫁入り道具だったという桐《きり》の箪笥が壁際に並べられている。長い間使われていないため湿った臭いが篭もる暗い室内は、Aさんにとってこの上なく苦手な場所だった。


小学校低学年の頃。Aさんは、真夜中の尿意で目を覚ました。

ひとりで便所に行くのも怖かったので隣に寝ている弟に声を掛けたが、いくら揺すっても起きる気配がない。仕方なく、Aさんはひとりでトイレに行くことにした。

廊下を歩いていると、祖母の部屋からカタカタと木のぶつかるような音がする。

(こんな夜中に何だろう?)

Aさんは襖《ふすま》の隙間から、部屋の中を覗いた。

室内は真っ暗で何が起きているのかすぐには判らなかったが、段々と目が慣れてきた。

箪笥の上のほうの引き出しが開き、カタカタと小刻みに揺れながら音を立てている。

引き出しから白い手が現れた。

それは宙をまさぐるようにひらひらと揺れ、引き出しの縁を探り当ててグイと掴んだ。

手に続いて、白い角隠しを付けた女の頭が現れた。

引き出しの狭い隙間から抜け出ようとするかのように身体を捻る。

まったく奇妙な光景だった。開け放った引き出しから突き出されるように、白い花嫁衣装をまとった女の上半身が生えている。

言葉を失っていたAさんは、部屋の中にもうひとり別の誰かがいることに気付いた。

祖父だった。

部屋の真ん中に陣取り、箪笥から出てくる花嫁の様子を満足げに眺めている。

〈見てはいけない物を見た――〉

Aさんは、そのままそっと部屋を離れた。

結局、祖父が存命の間は、あの花嫁について聞くことはできなかった。

祖母の部屋にあった箪笥は、祖父が亡くなってすぐ両親が捨ててしまったという。

蹄《ひづめ》

つい最近の話。Yさんの家は、貸し駐車場を作るために古い離れを壊すことになった。

そこは、Yさんと弟の部屋があった思い出の場所だ。

壊してしまう前に、久しぶりに兄弟で一晩泊まろうという話になった。

解体の前の夜。Yさんと弟は部屋に布団を持ち込むと、この部屋での思い出話を語り合った。あんなことがあったな、こんなこともあったなと話していると、

——ヒヒヒーーーーーン！

部屋の中で、突然馬のいななきが聞こえた。

続いて、部屋中に馬の蹄の音が響き渡った。蹄の音だけでなく、すぐ耳元では馬の鼻息まで聞こえる。

二人は辺りを見回すが、部屋の中にも外にも馬の姿はない。

しばらくすると蹄の音は止み、離れは再び静かになった。

翌朝、父親に馬のいななきを聞いたと話すと、
「あの離れは、明治頃まで馬小屋として使っていたらしいから、当然だろう」
と笑った。

解体が始まってしばらくすると、解体業者が「中を見てほしい」と言ってきた。

Yさんが解体途中の離れの中を覗くと床板がすっかりはがされていて、むき出しになった床下の土を業者が指さしている。

土の上には、真新しい蹄の跡が無数に残されていた。

豆まき

節分の夜。Ｋさんは息子にせがまれ、一緒に豆まきをすることになった。

コンビニで買った節分用の豆を手にして、部屋の中を歩いて回った。

「鬼は～そと、福は～うち！」

息子ははしゃぎながら居間、寝室、キッチンと豆を撒く。

最後にベランダに向かって豆を撒いたときだった。息子の投げた豆が、何かに当たって部屋の中に跳ね返ってくる。

うっかり網戸を開け忘れたのかと確かめたが、窓も網戸も開いている。

何度か試してみたが、不思議と豆は部屋の中に跳ね返ってきてしまう。

Ｋさんは足元にあった子ども用のボールを、ベランダに向かって思いっきり投げつけた。

ボールはベランダで何かにぶつかって、部屋の中にポンと跳ね返った。

それを見た息子は、Ｋさんの横で大喜びしている。

この得体の知れない現象についてどうしたものかと思案していると、息子がテーブルの上のスプーンやフォークを投げ始めた。

やめなさいと、息子を叱りつけたときだった。

〈グエーーッ！〉

ベランダから獣の悲鳴のようなものが聞こえた。

振り返ってみたが、ベランダには獣どころか何もいない。

慌てて窓とカーテンを閉め、豆まきはそこでお終いにした。

翌朝、ベランダには息子の投げたスプーンやフォークが散らばっていた。

片付けようと手に取ると、フォークにの先は生乾きの血が付いていた。

踊る

その日、Dさんは夜遅くに帰宅した。

アパートの階段を上り、自室のドアを開けようとしたときだった。

通りを挟んだ向かいの家の屋根に、人影が見えた。

ボロボロの浴衣を纏った老女が、長い銀髪を振り乱しながら楽しそうに踊っている。

何も聞こえないが、多分小さな声で笑っているのだろう。

空を仰ぎながら、屋根の上を飛び回っている。

こんな夜中にいったい何なんだろうと眺めていると、老女とDさんの目があった。

次の瞬間、老女はポンと跳ねて屋根の上から姿を消した。

落ちたんじゃないかと驚いて周りを見回したが、老女の姿はどこにもない。

向かいの家に伝えようかとも考えた。しかし、夜も遅いのでDさんはそのまま部屋に入って寝てしまった。

一週間後、向かいの家で不幸があった。

登校中だった小学生の息子さんが、車に轢《ひ》かれたのだと聞いた。

それからしばらく経ったある日のこと。

その日も、帰宅の途に就いたのは、夜遅くなってからのことだった。

駅から自宅へ向かう道を歩いていると、クリーニング屋の屋根の上に何かが動いた。

あの老女だった。屋根の上で楽しそうに踊っている。


「おいっ！」

Dさんは思わず声を上げた。

その声に合わせたように、老女は屋根の上で大きく跳ねて姿を消した。

数日後の夜。クリーニング屋は火災に見舞われ、店は全焼した。


そして、ごく最近のこと。Dさんは、三度《みたび》あの老女の姿を見た。

場所は、自分の住むアパートの屋根の上。

月明かりの下で、狂ったように踊っていたという。

この話を書いている時点で、Dさんのアパートにまだ不幸は起きていない。

第三章

本当にある話だとしたら怖い——。

怪奇新聞
うえやま洋介犬

かいていい？

かいていい？
ねぇ…
かいていい？
ねぇ…
かいていい？
幽霊の描く絵か…
好奇心から「いいよ」と言いかけて息を呑んだ
その手にあったのは筆ではなく
肉片と血で真紅に染まった
耳かき
かいていい？
耳…すごくかいていい？

好きだった…
好きだった
大好き
だった
あの…
まなざし…
ねぇ有希
聞いた?
沢崎先生
のこと…
ウワサだよ?
ウワサだけどね
ヒソ…
なくなって
たんだってさ…
目玉…両方とも…
好きだった
好きだった
大好き
だった
あの…
まなざし…
ちゅぶ
ちゅぶっ…

秘密の味

おいしーい
うめーッ！
市販のとはコクが違うだろ？
僕ら子供にいつも自家製牛乳をくれてた
ヒミツ〜
なんで—？
シゲおじさんが死んだ…
心臓発作だってさ…
医学上怪しくない彼の死が
僕らの心をさいなんだその理由は…
彼が—
「牛乳風呂」で死んでいたから—

動力源

友人の順子が外人から貰ったという
超スタミナ電池
おーっすっげー♪
何の疑念もなく使っていた私達を…
あっ
やばい壊れたか…も…ッ
!
待っていた真相は…
小さな…
とても小さな…!

捨てるに捨てられぬ

後輩の高田君が訪ねて来て言う
「捨てられない人形がある」…と
ただの思い込みだろうと思った
なんなら私が代わりに捨ててあげ…
ハハ…
本当ですか？
本当に…
本当にあなたなら…
これッ！
…………捨てられるようにしてくれますかッ？

丁寧な質問者

そのごく普通に思えた問い合わせの電話が…
あの…最後にいいですか？
ハイ
オレが宅配業者を辞めるきっかけとなった
生き物って…送っちゃダメですよね？
！
あ…あの…原則としてウチでは生きてる物は…
あっ…す…すみません！
じゃあちゃんと殺しておきます
ブツ…

ぐしッ……！

気にはなっていた
ぐしっ
ぐしっ
ぐしっ
その…隣人の行動…
あの…
毎朝…外で歯磨いてらっしゃいますよね…
ぐしっ
ぐしっ
ぐし
ぐし
なんで…
！
それは…歯ブラシなんかじゃなく…
半年前に失くした…私の…スプーン…

日常視線

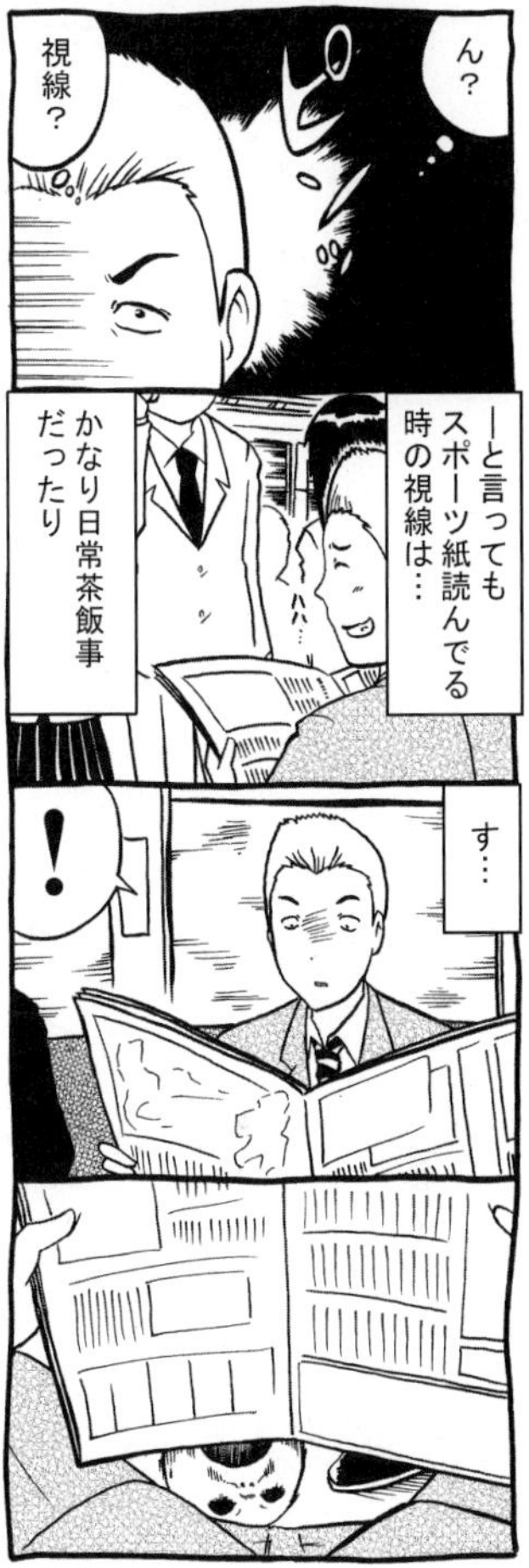
ん？
視線？
ーと言っても
スポーツ紙読んでる
時の視線は…
かなり日常茶飯事
だったり
す…
!

また？
うん
顔…虫がとまってたっぽい…
全っ然倒せないんだよな！…
どこ行った？
…言うべきなのは分かっている…
……虫が這っているんじゃあない…
ズッ
ズ…
ズッ…
その違和感は…表面のものではなく…！

突出

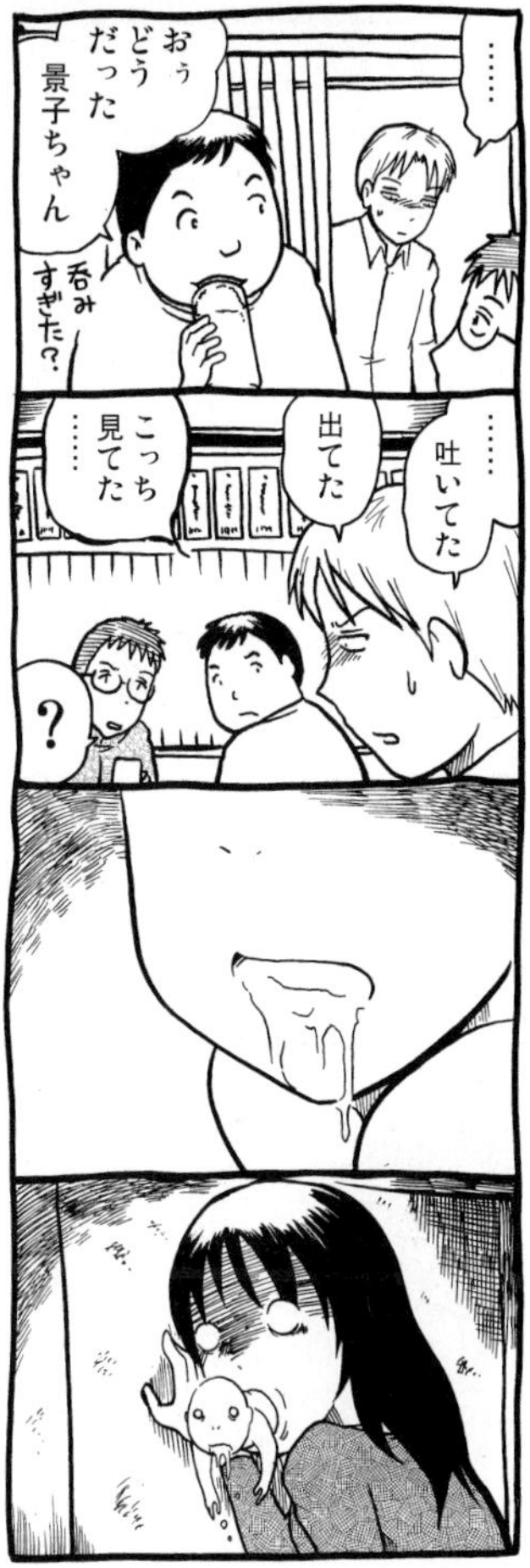
……
おぅ どう だった 景子ちゃん
呑み すぎた?
……吐いてた
出てた
こっち見てた
……
?

遺産ノート

天涯孤独だった隣のバァさん
大家として遺品を片付けていたら出て来たノート…
それは…怨み帳だった
「香田憲次に挨拶を無視された」
「林京子に席を横取りされた」
うわー
温厚そうに見えてあのバァさん…
えっ…私の名も？
なかった…！
こんな文こないだ書いてなかったのに…
広澤ゆき子
・大家のくせに葬式に来なかった
・このノートを勝手に見た
・このノートをバカにした
・私を「バァさん」呼ばわりした
許さない許さない
ない許さない許さない
ない許さない

ぶ厚い財布

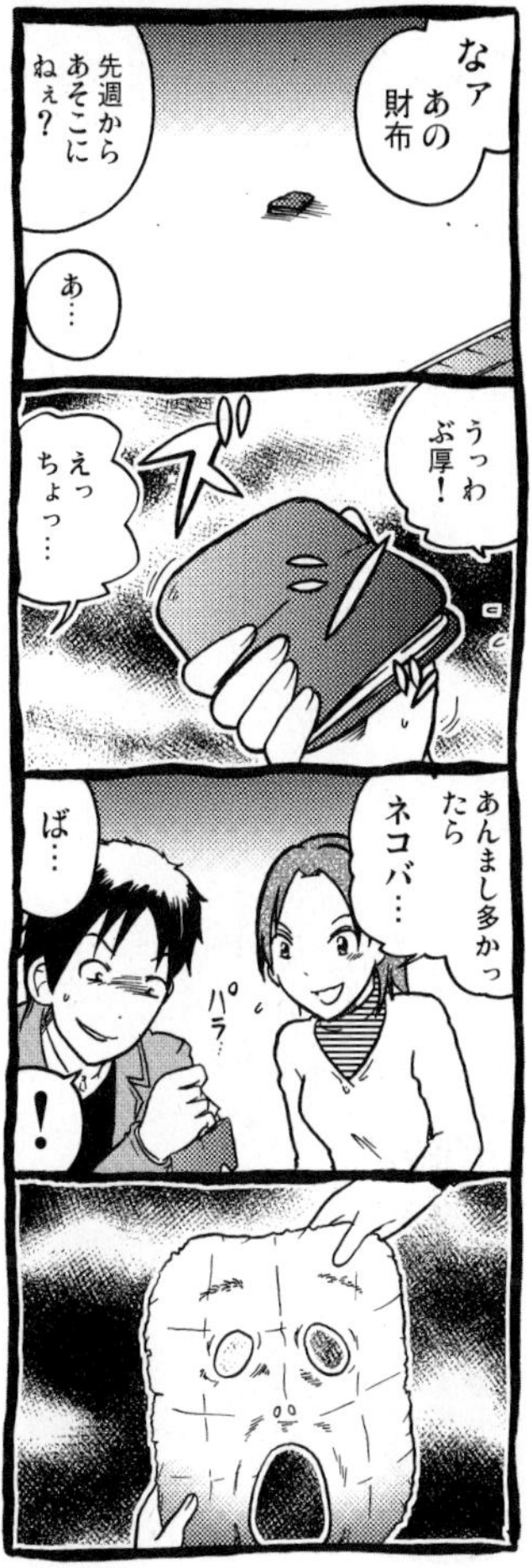
なア
あの財布
先週からあそこにねぇ？
あ…
うっわぶ厚！
ズ
えっちょっ…
あんまし多かったらネコバ…
パラ…
ば…
！

金縛り真相

「金縛りは科学現象」
そう知り恐怖は消えていた　なのに…
なのに…
！
あっヤバい
兄者
こいつだけ時間止めそこねてら
真相を知り　最悪の恐怖に変貌した…！

つめきり

「つめきりで人を殺せるか？」
ネット上で見つけたくだらない問答
「殺せねーよｗ
やれるもんなら
やってみなｗｗ」
カタ
カタ
僕のそんな
ありふれた
煽りに…
わかりました。
見てて下さい。
その一週間後
報道された
「つめきり殺人」
凶器は―
胃に詰めこまれた
三十九個のつめきり

やだやだ

となりからやたら漏れて来る声が
やだ やだ～
やーだ
やだ！ や～だ～
「やだ」だけで構成されていると気づいた—
ただの嬌声かと気にしなかったが—
やだ やーだ
や～だ や～だ
……
やだ！
やだやだやだ やだやだやだやだ
やだやだやだやだ やだやだやだやだ
—翌日いつもの「やだ」に戻った隣室
やだ… やーだ
やだ… やだ～
やーだ
その中を調べる勇気は—
僕には…ない…

本拠

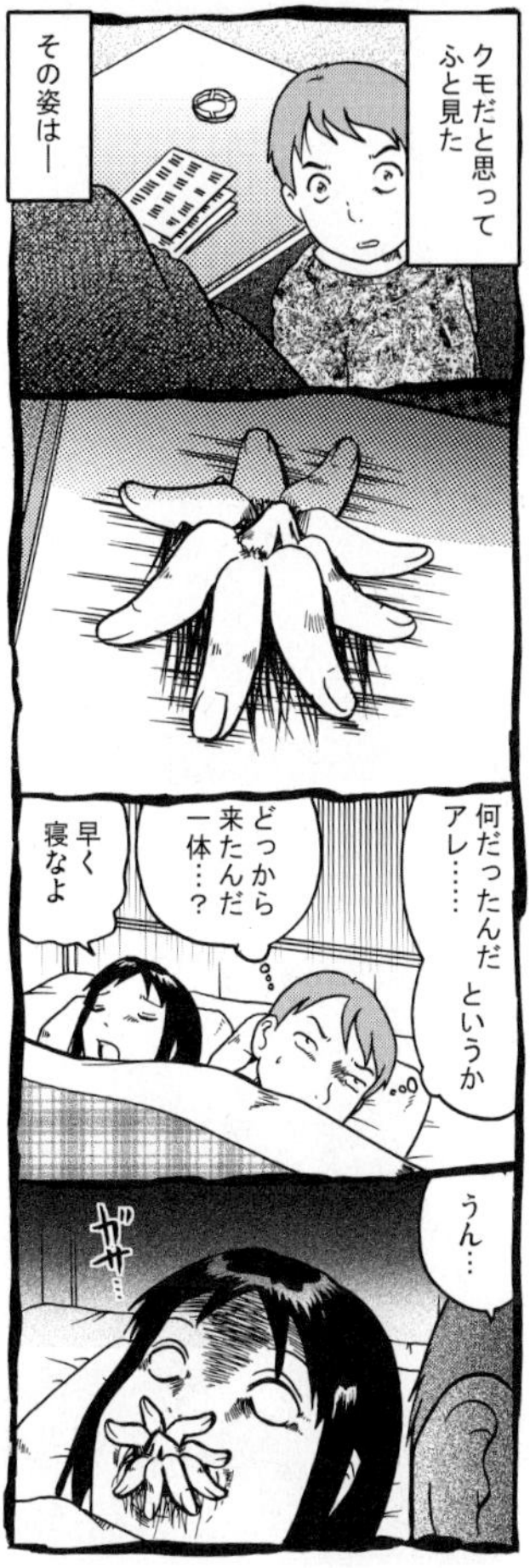

クモだと思って
ふと見た
その姿は―
何だったんだ というか
アレ……
どっから
来たんだ
一体…？
早く
寝なよ
うん…
ガサ…

ぷちぷちつぶし

僕の妻がハマってしまったもの…　それは…
ねぇ一緒にやろうよ
すっごい気持ちイイよ！
ぷちっ
ぷぢゅ
ぢゅ
ぷちっ
ぷち
虫の目玉つぶし
だっ…大丈夫っ人にバレないようにするからっ
ぷちっ
ぷちゅ
ぷちっ
ぶちっ
ぷちっ
ぶち
だけどお前…
今日街で…
赤ん坊見かけた時の
かわいー！♥
お前の…
指…ッ！
ガク
ガクガク
ガクガク
ガクッ
ガク

母子

閉店後のデパートに響くー
ママ…
どこ…
コウちゃん… どこ
探し合う母子の声
ママ…
再会させられたら成仏できるんじゃ？
そう思い勇気を出して踏み込んだ私に
つきつけられたのは
ママ…
コウちゃん…
母子が永遠に対面できないという
どこ…
どこ…？
現実
どこ…
コウちゃん… どこ…

注意書き

出生時— 手のひらに
火で あぶら ないで 下さい
と書かれてた 長兄は 火事で 死んだ
同じく手のひらに
水につけ すぎないで 下さい
とあった 次兄は 海で 溺死—
「じゃあ三男の僕は?」と泣きじゃくる母に聞いて
心底…後悔した
胴を ねじりすぎ ないで 下さい

第四章「座談怪」

本当の話がひとつだけ混じっているから怖い──。

うえやま洋介犬

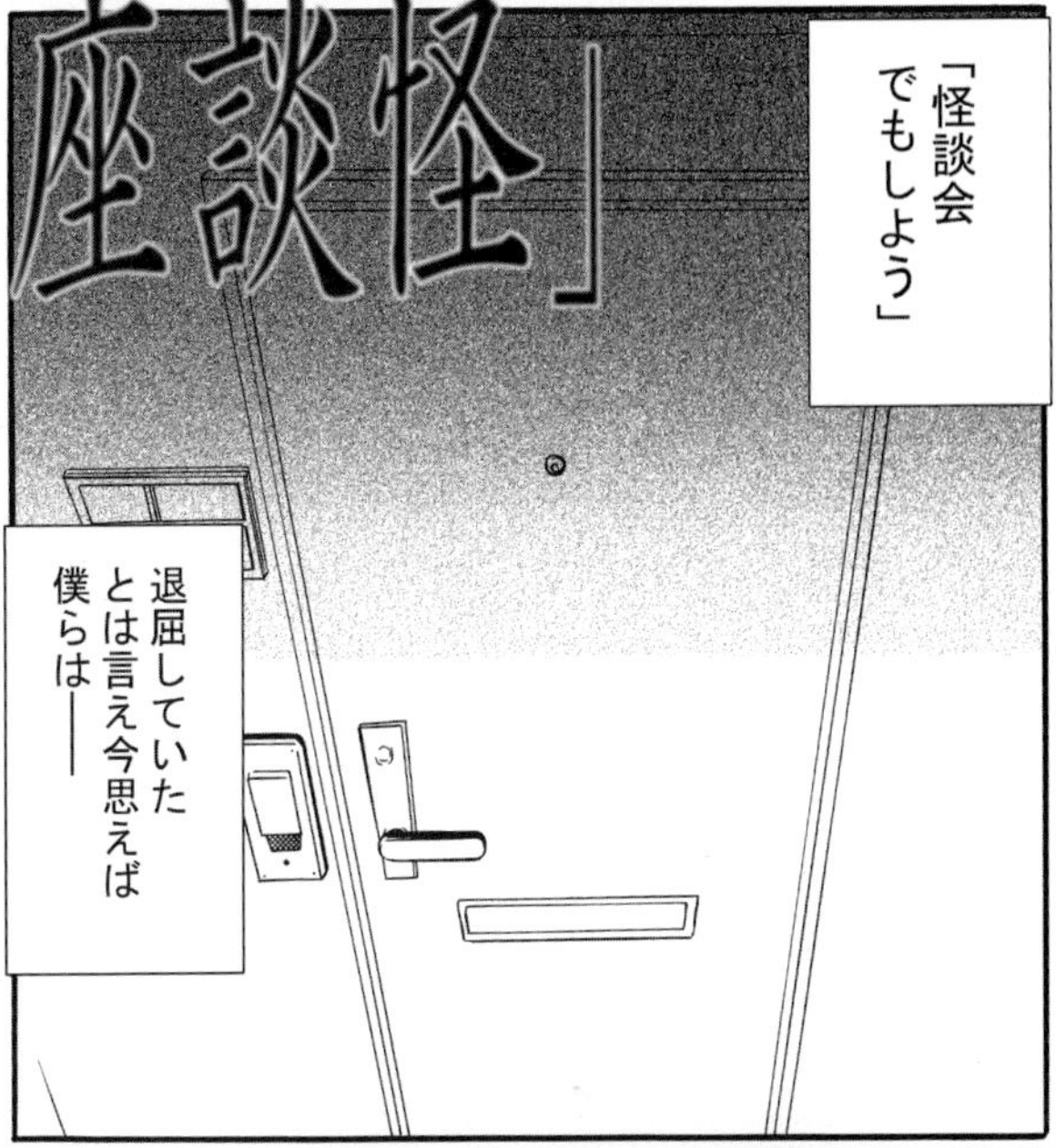
「怪談会
でもしよう」
退屈していた
とは言え今思えば
僕らは──

あまりに
その言葉の響きに
魅入られすぎは
していなかった
だろうか──

じゃあ まず
オレから 話そうか
これは…
オレの友達の Kが趣味のせいで 遭った怪異…
彼の趣味 …それは
「廃屋 めぐり」
パキ…
おー…
い～い廃屋っぷり♪
もち不法侵入 …だよな
「違法なのが またソソる」 とか言って…
その日も山すそ の廃屋を訪れた
パキ…
こりゃ二十年 ものってとこ…
パキ…
!
時々…
そういう 「ハプニング」は あったらしい――
おっと…

ゴソ
ゴン
お―…
ヤってる
ヤってる…
ゴソ…
モゾ
モゾ
廃屋に
忍びこんでの
情事――
実はKはそれも少し
楽しみにしてたらしい―
けど
!

その日の「それ」は…
え？
え…
え？
何だ…
んッ？

ひっ…

悲鳴すらも
呑みこみ
Kは…
逃げ出した
ハー
ハー
ハー
何だったんだ
あいつら…
いいや
もう…
寝ちま…
お…
ずっ
ずっ…
ずっ…
ず…
ん…

グイッ!

ぎッ…
ぎゃああああああ
気を失ってー

目が覚めて―
「それ」がいなくなっていたこと
体に異常がなかったことにKは心底ホッとしたらしい―
けれど
「もう二度と廃屋へは行かねぇ」と告げて
カタ…
その場を後にしようとしたKの…後ろ姿に
きっとKの周囲の誰もがその赤い筋の「発芽」を予感しながら―
彼には――何も…言えずに…！

なぁ…
え？
三日月って…
怖いと思わないか？
何よやぶからボーに？
怖いわけねーじゃん
いやいや…
三日月はね…
怖いんだよ
これは—
オレが去年の夏—
帰るの遅くなった日のことなんだけど…
おっ

今日は三日月かー
補習で疲れてたせいか…
その違和感に気づいたのはしばしその月を「眺めてしまった」後だった
…あれ?
何か…
それー
おかし…?
三日月なんかじゃなく…

私の中学の時の同級生―
イクミって言うんだけど
すっごく明るい娘でさ
去年会った時は
やっと親にケータイ持つの許してもらえたってはしゃいでたのに
先日会った彼女は
まるで
別人――
あのね…
笑うと
ダメなのよ…

「ケータイを買ったあの日から…」
へー
そーなんだー
何それっ？
あははっおっかし！
ワラウナッ
どんな小さな笑みでも電話中に浮かべるたびに
ワラウナ……
ワラウナ…
ワラウナ…！

ついにその「口撃」が
ワラウナ。
メールにまで及ぶに至り
彼女は…ケータイをあきらめた
その反動か…解放された嬉しさか…
あっはっはっ！
やっぱ
直後彼女はよく笑う娘になっていたらしい
けどー
あのコんなこと言ってたんだー
！
イクミ…何？それ…
え？

ワラウナ
ワラウナ
ワラウナ
ワラウナ
ワラウナ
ワラウナ
ワラウナ
ワラウナ

結局…私に会った直後に…入院したってウワサ…
へー…
しっかしやるこたセコい霊だよな～
あ！
確かに
自分のこと笑ってると誤解したんじゃないの？
うっわーッ！
自意識カジョー！
バーン

怪は―
何っ…？
今の音…
ワラウ
怪を呼ぶという―
その連鎖に
いつしか…僕らは――

第五章

本当にあると信じたくないほど怖い——。

実話恐怖譚
西浦和也

U犬先生のコミック

ホラーマンガ好きのKさんは、一昨年U犬先生のコミックを買った。

これまでのホラーとは異なるシュールな作風が気に入ったKさんは、トイレの中に置いたマガジンラックにコミックを常備して、用足しの際に何度も読み返したという。

それ以来、たまに奇妙なことが起きるようになった。

トイレに入ると、マガジンラックにしまったはずの本が床に落ちていたりする。

片付け方が悪いのかと思ってあれこれ試してみたが、忘れた頃になるとやはり本は床に放り出されている。


そんなある夜のこと。室内に漂う不思議な気配に、Kさんは目を覚ました。

身体を起こし、布団の上で何気なく辺りを見回すと、トイレのほうがぼおっと明るくなっている。

(しまった、トイレの電気うっかり消し忘れてた……)

Kさんは、電灯を消そうと起き上がった。

トイレに行ってみると、ドアの小窓から漏れた明かりが廊下や壁を照らしている。

電灯を消そうと壁にあるスイッチに手を伸ばしたときだった。

（ああ、勿体ない……）

〈ペラッ、ペラッ〉

トイレの中から、本のページを捲るような音がする。

（彼女が来たンだろうか？）

これまでも、真夜中に彼女が合い鍵で入ってきたことがあった。Kさんはドアをノックしてみた。

〈バサッ！〉

突然大きな音がしてトイレの電灯が消え、辺りは真っ暗になった。

Kさんはドアノブを握った。鍵は掛かっていないようだ。

恐る恐るドアを開けてみた。

しかし、トイレの中には誰もいなかった。

マガジンラックのあるべき場所に隙間が空き、床の上にU犬先生のコミックが放り出されたように落ちていた。

その後、U犬先生のコミックは、お守りと一緒に枕元に置かれるようになった。
以来、トイレの床に本が落ちることはないという。

老人ブラインド

　Mさんが中学生の頃の話。
　クラブ活動を終え、帰り道に就いた頃には辺りは既に暗くなっていた。
　Mさんは自転車に跨ると、田んぼの中のあぜ道を自宅へと急いだ。
　辺りには外灯もなく、自転車のライトだけが路面を照らしている。
　突然、ライトの中に人影が浮かんだ。
　杖をついた老人がMさんを呼び止めようと、手を挙げながら向かってくる。
（何か困ったことでも起きたんだろうか）
　Mさんは慌てて自転車を停めた。
「どうかしたんですか？」
「いや、食べ物を持っていたら、分けてもらえませんか？」
　予想もしない老人の言葉にMさんは面食らった。よほどお腹がすいているのだろうか？
　しかし、小綺麗な身なりからしてホームレスには見えない。
　老人は媚《こ》びへつらうように、へらへらと薄ら笑いを浮かべ、Mさんを見上げている。

「す、すみません。持ってないです……」

　気味が悪くなったMさんは、そう答えてそそくさとその場を立ち去った。


　しばらく走っていると、再びライトの中に人影か浮かんだ。

　道の真ん中に、杖をついたあの老人が立っている。

　ここは田んぼの一本道。Mさんを追い抜かない限り、先回りはあり得ない。

　老人は、手を上げながら自転車のほうへと近付いてくる。

　Mさんはハンドルを大きく切って、追いすがろうとする老人の横をすり抜けた。

　やれやれと思って前を見ると、今かわしたはずの老人がすぐ目の前に立っている。

　咄嗟にハンドルを切るが、老人は目の前に何度も先回りしてきて、次々にブラインドのように立ちふさがる。

（うわっ！　あぶない！）

　とうとう避けきれなくなったMさんは、自転車ごとその場に倒れ込んだ。

（痛たたたっ！　なんなんだよ……）

　腰をさすりながら顔を上げてみたものの、あぜ道の上には老人はおろか人影すら見えなかった。

這々《ほうほう》の体《てい》で自宅にたどり着いたMさんが鞄を開けてみたところ、給食の残りのパンが消えていた。

不思議なことに、パンを包んでいたビニールの袋には何処も破けた様子がない。にも関わらず、袋の中からはパンだけが綺麗に消えていたという。

忌み車

Hさんは、都内で中古車販売店を経営している。

店の客層に合わせて車種を選ぶ必要から、仕入れの殆《ほとん》どは中古車専門のオークションを利用していたが、たまに店舗に持ち込まれた車を買い取ることもあるという。

ある日のこと、一台の車が店に持ち込まれた。

国産の高級セダンで去年発売されたばかりの白い車。目立った傷もなく、カーナビや革張りシートなどオプションは全て純正品。走行距離も一万キロ未満で、これほどの掘り出し物なら欲しがるお客は幾らでもいる。

Hさんは念入りに点検し、事故車でないことを確認して車を買い取った。

店に並べると、あっという間に車は売れた。

しかし、一カ月もしないうちに車を買ったオーナーから、欠陥車じゃないかというクレームが付いた。

話を聞いたところ、運転を始めてしばらくすると車内が息苦しくなるのだという。排気系に欠陥があり、車内に排ガスが逆流しているのだとしたら一大事である。Hさんは一旦車を引き取り、ディーラーの工場に点検を依頼した。

しばらくしてディーラーから車が戻ってきた。結果は異常なし。

ホッと胸をなで下ろしたHさんは、車をオーナーの元に届けることにした。

店の営業を終え車に乗り込んだ頃には、かなり遅い時間になっていた。

オーナーの自宅を目指して水戸街道を走るうちに、Hさんは急な息苦しさに襲われた。息を吸い込もうにも、肺に思うように空気が入ってこない。

急いで窓を開けたものの、症状は一向に回復しない。やがて、酸素不足から目の前が歪み始めた。

Hさんは慌てて車を路肩に停め、車から飛び出した。

車を降りてしばらくすると、先ほどの息苦しさは嘘のように消えた。

この状態では車をオーナーに引き渡すのは無理だ。再点検が必要だと判断したHさんは、ディーラーに電話をしてレッカー車を呼んだ。

レッカー車が来るまでの間、Hさんは近くのファミリーレストランで時間を潰すことにした。軽く食事を済ませ、頃合いを見計らって車に戻ると、車の中に人影が見える。

運転席には若い男、助手席には若い女が座っている。目を凝らすと、後ろの座席にも誰か乗っているように見える。

「おまえら、何やってるんだっ！」

Hさんは大声を上げながら車に駆け寄り、助手席の窓ガラスを叩いた。

いくらガラスを叩いても、男女はこちらを無視しているのか、目を閉じてシートに座ったまま動こうとしない。

彼等を引きずり出そうとノブに手を掛けたが、ドアはロックされていて開かない。

Hさんは、ポケットの中のリモコンキーを取り出してボタンを押した。しかし、ロック解除の電子音は鳴らず、ドアはロックされたまま開かない。

「ドアを開けろ！」

大声で叫びながら窓を叩いていたら、不意に背後から肩を叩かれた。

振り返ると、レッカー車の運転手が立っている。

「あぁ、いいところに！　実はですね……」

そう言い掛けHさんが車に向き直ると、今まで車内にいたはずの男女の姿が消えている。

事情が飲み込めない運転手は、一体何事が起きたのだろう？　と、困惑の表情で立ち尽くしている。

Hさんは出掛かった、その先の言葉を飲み込んだ。

その後、ディーラーで再点検が行われたが、やはり何処にも欠陥は見つからなかった。

戻ってきた車を改めてオーナーに引き渡したところ、しばらくしてオーナーから「いらない」と返品されてきた。

その後、車はしばらくの間、店頭に並べられた。

仕事中、ふと車を見ると中にあの男女が座っていた。

怖くなったHさんは、テレビCMを流している大手の中古車買い取り業者に電話をして、すぐに車を引き取ってもらった。

CM通り、高く買い取ってもらったので損はしなかったという。

圧縮陳列

大手ディスカウント店に勤めているMさんは、商品の陳列を任されている。

「圧縮陳列っていう並べ方なんですけどね、これが結構大変なのよ」

店内に迷路のように並べた棚に、床から天井まで数多くの商品を詰め込む。

普通のスーパーとは異なり、少しでも売り上げが悪いものはすぐに棚から外され、客の動線が芳《かんば》しくない場合には、棚自体を動かしたりすることも日常茶飯事だという。

そんな中、Mさんには気になる棚があった。寝具コーナーにある、枕と枕カバーが納められた棚。

「あの場所じゃ、誰が見てもお客の動線を切るし、売り上げだって良くないしね」

フロアー長に何度か棚の移動を提案するが、何かと理由を付けられては、いい返事がもらえない。

そんなある日、人事異動で他店から新しいフロアー長がやってきた。

Mさんは、ここぞとばかりに棚の移動を提案し、閉店後にすぐさま実施した。

店内の棚から商品を一旦退け、スタッフが棚を移動する。

スチール製の棚が退かされると、何処から来たのか棚のあった場所に女がいる。

俯《うつむ》き加減の身体を、ゆらゆらと揺らしている。長く垂らした髪は顔に掛かり、表情は全く判らない。女の身体越しに、向こうの棚が透けて見えた。

どう見てもこの世のものではない。

「うぉっ！」

横にいた男性スタッフのひとりが声を上げた。

彼も同じものを見ていたのか、棚のあった場所を凝視しながら後ずさりしている。

Mさんは慌てて棚を元の場所に戻させると、大急ぎで商品を詰め込んだ。

商品で棚が埋め尽くされてゆくにつれ、女の姿は商品に隠れて見えなくなっていった。

「まさか幽霊まで圧縮陳列されてるなんて、お客も思ってないでしょうね……」

Mさんは、今も寝具コーナーの模様替えをあきらめていないという。

班長の二乗

Bさんが、警備会社に勤めていた頃の話。

ある日の夜、病欠で人が足りないと電話があり、急遽《きゅうきょ》現場へ行くことになった。

行かされたのは、半年前まで警備を担当していた新橋のビル。

ビルに着き、警備室へ入ると、奥の机に班長が座っている。

てっきり一人きりでの勤務だと思っていたBさんは、懐かしい顔を見てほっとした。

「ご無沙汰してます班長。今日は応援に来ました」

「おぉ、Bか！　相変わらず元気そうだな」

久しぶりの再会で、つい話し込んでいるうちに、気付けば巡回の時間になっていた。

「やばい！　急いで、巡回に行ってきますね」

Bさんはそう言って制帽を被ると、警備室のドアを開けた。

ドアが開いた瞬間、Bさんの足はその場に釘付けになった。

目の前に班長が立っている。懐中電灯を携え、たった今巡回から帰ってきましたという顔をして、Bさんを見つめている。

慌ててBさんは、後ろを振り返った。

机の前では、もう一人の班長が驚いた表情で二人を見つめている。

警備室の入口に立つ班長と、机に座っている班長。

二人の班長の間で、Bさんは二人を見比べながらくるくる回っていた。

〈プルルルルルルルルルルル……〉

突然、机の上の電話が鳴った。

一瞬、Bさんは電話に気を取られた。

慌てて室内に視線を戻すと、机に座っていたはずの班長の姿がない。

返す刀で入口を振り返るが、そこにいたはずの班長の姿もなくなっていた。


電話は会社からのものだった。

Bさんが今起きた出来事を話したところ、班長は昨夜自宅で倒れ、昼過ぎに亡くなったのだと聞かされた。

二人の班長が互いの顔を見て驚いている様は、今もSさんの目に焼き付いているという。

会議室

ゲーム会社でプログラマーをしているFさんは、マスターアップが近付くと会社に寝泊まりする日が続くという。そのため、会社には自分用の寝袋と洗面用具が置いてある。

その日も、バグの修正に追われ、気付いたときには夜中の二時を回っていた。社内を見渡しても、自分以外には誰もいない。

（そろそろ寝るか……）

Fさんは机の下から寝袋を取り出し、会議室へと向かった。会議室に着くと、部屋の中央に置かれたテーブルの下に潜り込んだ。

以前は開発部の通路で寝ていたが、朝出勤してくる社員にうっかり踏みつけられることが多いため、最近はここがFさんの寝床になっていた。全身をすっぽり隠せる会議室のテーブルの下は、邪魔されずに寝るのにはうってつけだった。

寝袋に潜り込んでFさんは目を閉じた。

寝入り掛けたところで、会議室の床の上を誰かが歩く気配に気付いた。

うっすら目を開けると、会議室の椅子の向こうに黒いパンプスを履いた女の足が見えた。ストッキングを穿《は》いたその足は、Ｆさんの寝ているテーブルの周りをぐるぐると歩き回っている。

（何処の部の子だろう？）

Ｆさんは寝袋のまま床に転がると、正体を確かめようとテーブルの外に顔を出した。しかし、次の瞬間Ｆさんは慌てて顔を引っ込めた。

女の足には、膝から上がなかった。

Ｆさんは、テーブルの下で身体を丸め、ぎゅっと目を閉じた。

次第に、テーブルを取り囲む空気が濃厚になってゆく。

それにつれ、女の足音はどんどん早くなり、終いには走る程の勢いでテーブルの周囲を回り始めた。

カーペットの擦れる音が次第に大きくなる。

（もう限界だ――）

Ｆさんが観念しかかったときだった。唐突に女の足音が止んだ。

――サテ、ドウシ……モノカ……

次の瞬間、テーブルの上から野太い男の声が響いた。

目を開いて視線を巡らすと、会議室の椅子全てからスーツ姿の足が覗いていた。足はFさんを取り囲むように並んでいる。

——コノ……ンナ、コロ……カ？　コ……サナ……カ？

テーブル越しに響く男たちの話し声は、所々聞こえない。

絶対に男たちに気付かれちゃいけない——Fさんは、息を殺したまま朝を待った。

ブラインドの隙間から朝日が差し込む頃になると、濃厚だった空気の密度は薄くなり、テーブルを囲んでいた男たちの足も消えていった。

後で同僚に聞いた噂では、Fさんのゲーム会社が入る遥か以前、このフロアーには暴力団系の事務所があった。その玄関先に置かれたポリ袋から、女性の死体が見つかる事件が起きたのだという。

噂が本当かどうかは確かめようもないが、とにかくFさんは会議室で寝ることだけは止めた。

塊

Nさんの元に、孫の健ちゃんが亡くなったと電話があった。

聞けば、職場の工場で事故にあったのだという。

おばあちゃん子だった健ちゃんは、小さい頃からNさんに懐いていた。

せめて最期の別れをとNさんは思ったのだが、葬儀の行われる場所は遠く、Nさんの体調が良くないことを心配した周囲の説得もあり、泣く泣く参列を見送らざるを得なかった。


葬儀前夜のこと。

Nさんがひとりで部屋にいると、廊下のほうで物音がする。

〈ゴトン、ゴトン……〉

重い漬け物石を、廊下で転がしているような音。

はじめは、嫁が納戸の片付けでもしているのかと思った。

しかし音は次第に大きくなりながら、Nさんの部屋のほうへ近付いてくる。

〈ゴトン、ゴトン……ゴトン！〉

音は部屋の前の廊下まで来て――止まった。
しばらく間をおいて、廊下に続く襖がすっと開いた。
廊下には丸い濃紺の塊がある。廊下から聞こえた音の原因はこれに違いない。
濃紺の何かを無理矢理お供え餅のように丸めた塊は、ちゃぶ台ほどの大きさがあった。
一体何が起きているのか。Nさんが困惑していると、
――おばあちゃん、ごめんなさい……。
耳元で小さく、亡くなった健ちゃんの声が響く。

（えっ！）
思わず身体を起こしかけた。
その直後、部屋の明かりが消えて室内は真っ暗になった。
暗闇の向こうで、襖がぴしゃんと閉じる音が聞こえた。

葬儀を終え、帰ってきた息子にこのことを話すと、息子の顔が曇った。
Nさんが問い質すと、息子は渋々健ちゃんのことを話し出した。
仕事中、健ちゃんは工場の機械にうっかり頭から飲み込まれた。
気付いた同僚が慌てて機械を停めたが、身体は金型の中で丸く押し潰され原形を留めて

いなかった。

そのため、納棺する折になっても濃紺の作業服を脱がすことができず、作業服の上に白装束を羽織らせた。そんな姿になってしまった健ちゃんの遺体を、Nさんに見せるわけにはいかない。

だから、葬儀への参列を見送ってもらうようNさんを説得したのだという。

「私が行けないから、あんな姿になっても会いに来てくれたのね……」

Nさんは、声を上げて泣いた。


あれから三年。

仏壇の上には、孫の健ちゃんとNさんの写真が、仲良く並べられている。

白い石

〈硫黄島からは、何も持ち出さないこと〉
〈旧日本兵を見ても関わるな〉

自衛隊には、硫黄島についてこのような暗黙の了解があると聞いた。

Wさんは自衛隊に在職中、一度だけ硫黄島に行ったことがある。

日米両国が連動して太平洋上で行う統合演習に参加するためだった。島への上陸前、上官に言われたのが冒頭の言葉である。

統合演習は数日間に渡って行われた。硫黄島は海上自衛隊の管理する施設以外何もない島である。演習を終えた後、早々に本土へ戻ることになった。

Wさんたちの部隊は、来たときと同じ輸送艦に乗り込んだ。

帰投途上のこと。消灯後の艦内で寝ていたWさんは耐え難い頭痛で目を覚ました。

こめかみに、ギリギリと締め付けられるような痛みが走る。船酔いにしては、あまりにも症状が酷い。

気が付けば周囲からも、うんうんと具合の悪そうな声がする。三段ベッドから身を乗り出し辺りを窺《うかが》えば、殆どのベッドで同僚たちが頭を抱えて唸っていた。

ふと見ると、ひとりの男が通路に立っている。こちらに背中を向け、誰かは判らない。古い戦闘服に鉄兜の出で立ちで、男はベッドに横たわる同僚のKを見下ろしている。

「うぁぁぁぁぁっ！」

他のベッドで唸っていた同僚が、大声を上げて飛び起きた。

その声を切っ掛けに、周りのベッドからも次々に同僚たちの叫び声が上がった。

叫び声の中、Wさんが再び通路を確かめたところ、戦闘服の男は消えていた。

Wさんが目を覚ました同僚たちに話を聞くと、同僚たちは口々に「硫黄島の夢を見ていた」と言った。

夢の中では、硫黄臭が立ち籠《こ》める暗い洞窟の中を必死に逃げ回っていた。

足元の至る所に仲間たちの遺体が転がり、外からはアメリカ軍による艦砲射撃の音が繰り返し聞こえてくる。間近で響く戦車や機関銃の音に怯えながら、熱気の籠もる洞窟の中を、一日中走り続けた。

夕方、敵の攻撃の音が止んだのを見計らい、新鮮な空気を吸うために明かり取りの穴から頭を出した。次の瞬間、目の前が真っ白になった。顔を火炎放射器の炎が襲ったのだ。頭が炎に包まれるのと同時に、鉄兜の下で髪の毛が一気に燃え上がる。

必死に息を吸い込もうとするのだが、肺の中には猛烈な熱気しか入ってこない。熱さと呼吸困難で、地面をのたうち回っているうちに、皆、目が覚めたのだという。

しばらくして、騒ぎを聞きつけた上官が部屋に入ってくるなり、「島から何か持ってきた者がいないか？」と詰問した。

最初のうちは皆、顔を見合わせていた。やがて恐る恐るKが手を挙げ、持っていた背嚢《はいのう》の中から小さな白い石を取り出した。

上官は、白い表面がうっすらと黄色味がかった石を受け取り、

「硫黄島から勝手に物を持ち出すからこういう目に遭うんだ！」

と、全員を叱りつけた。

翌日、白い石は輸送機に乗せられ硫黄島へ戻された。

爪痕

Sさんの実家は、築百年以上が経過した古民家だという。

豪雪に強い合掌造りの家は、今では村にも数軒しか残っていない。

数年前からこの家の至る所に傷みが目立ち始め、ついに建て直そうということになった。

古く貴重な家なのだから修繕して残してほしいという声もあったが、今後の手入れや使い勝手などを考えると建て直すほうが安かった。


解体工事が数日後に迫ったある夜、Sさんは奇妙な夢を見た。

気が付くと、Sさんは居間のいろりの前にぽつんと座っている。

周囲を見回すが、居間には自分しかいない。

やがて、ずんずんと地鳴りが響いたかと思うと、家が大きく揺れた。

天井板がバタバタと波打ち、上からは埃が降ってくる。

〈ドターーン！〉

大きな音を立てて、天井から何かが落ちてきた。

衝撃で畳が大きく波打ち、Sさんの身体は一瞬宙に浮いた。

視線を上げると、目の前には身の丈三メートルはある大男が立っていた。

上半身は裸で、顔や身体は上気したように赤い。

(赤鬼⁉)

角こそ生えていなかったが、Sさんにはそう見えた。

鬼はSさんの前に歩み寄ると、上から睨み付けこう言った。

「嫁の約束、確かに守った……」

「や、約束って、一体……」

鬼にそう言い掛けたところで、Sさんは目を覚ました。


数日後、予定通り解体工事が行われた。

解体業者が家の中に入り、次々と壁や天井を壊してゆく。窓からは埃が舞い上がり、廃材が家の外に運び出されてくる。

Sさんは、その様子を少し離れた場所で見守っていた。

すると、家の中から解体業者の親方が走ってくる。どうしたのかと聞くと、随分慌てた様子で「確認してもらいたいものがある」と言う。

家の中は、既に殆どの壁や天井が剥がされた状態になっていた。

親方は、Sさんの手を取って屋根裏のほうへと連れて行く。

「これなんですがね、触っていいものかどうか……」

かつての屋根裏部屋の天井板が外され、隠れていた大きく太い梁《はり》が見える。

その梁に、埃とススで汚れた赤い布が巻き付けてあった。布の上には墨《すみ》で大きく〈鬼〉と書いてある。

Sさんは、とりあえず布を外してもらうことにした。

解体業者の作業員が梁に上ると、布をカッターで切っていく。やがて、中からは白無垢の花嫁人形が現れた。花嫁人形には木札が縛り付けてあり、そこには〈祈願　無病息災　皇紀二五六五年〉と書かれていた。

（あぁ、鬼が言っていた〈嫁〉というのは、これのことだったのか……）

Sさんは梁を見上げた。人形が外された跡には、梁を抉《えぐ》るように太い爪痕が四筋残っていた。

後日、Sさんはあの梁を建て直した家の部材に使った。同じ場所に見よう見まねで新しい花嫁人形を巻き付けたが、鬼はまだ現れていないという。

巣穴

数年前のこと。Tさんは友人たちと近所のボウリング場へ出掛けた。

ハウスシューズに履き替え、レーンに荷物を置いてボールを選ぶ。

腕力に自信のない彼女は、いつも六ポンドのボールを使うことに決めていた。

どれがいいだろうかと、ボールの穴に指を入れては握り具合を確かめた。

やがて、ボール置き場の隅に置かれている黄緑色のボールに目が留まった。

ポンド数を表す「6」という数字を囲むように、油性ペンのようなもので赤く○が付けられている。常連の誰かが勝手に自分用と決めているのだろうか？

指を入れてみたところ、握り具合が実にしっくりくる。

彼女はボールを手に取り、レーンに戻った。


ゲームが始まり、やがて彼女の投げる番になった。

ボールリターンから黄緑色のボールを手に取り、穴に指を入れた。

「きゃっ！」

差し入れた薬指が、穴の中で柔らかいものに触れた。

ボールを選んでいたときには中に何もなかったはずだ。

恐る恐る穴を覗いてみた。そこには肉色をした芋虫が頭を擡《もた》げ、今にも這い出さんばかりに蠢《うごめ》いている。

ライトで穴の中を照らすと、芋虫の頭に白い爪が生えていた。

Tさんは、ボールを持ったままカウンターへと走った。

カウンターの店員に、今見た虫――指のことを話し、確認するようにとボールを渡した。

店員は、大きなため息をついてボールを受け取り、穴の中を確認もせずにカウンターの奥に片付けた。

そして「これは不手際のお詫びです」と、ボウリング場の回数券を差し出した。

しばらく後、友人を誘って例のボウリング場へ出掛けた。

ボールを探してうろうろしていると、ボール置き場の隅に置かれた黄緑色のボールに目が留まった。ボールには、「6」を囲むように赤い○印が付いていた。

新鮮

Hさんが家の近所を歩いていると、不意にお婆さんに声を掛けられた。

見ると、背中には大きな荷物を背負っている。

「〈新鮮〉な卵があるんだけど買ってもらえない？」

と、屈託のない笑顔でHさんを見つめている。

「卵は先日買ったばかりだからいらない、って言ったんですけどね……」

とにかく生きているみたいに〈新鮮〉だからと、無理矢理十個ほど買わされてしまった。

自宅に帰ったHさんは、買ってきた卵を冷蔵庫にしまおうとした。しかし、冷蔵庫の卵置きには二つしか空きがない。

仕方ないので二つだけを冷蔵庫にしまって、後はテーブルの上に置いた。

夕飯の準備をするためキッチンへ行くと、何処からか〈ヒヨヒヨ〉とひよこの鳴き声が聞こえる。

「まさか、買った卵が孵《かえ》ってしまったんじゃないかって思いましたよ」

何分、農家の卵だ。有精卵ということも充分あり得る。

慌ててテーブルの上の卵を確かめてみたが、何処にも割れた形跡はない。

卵に耳を近付けてみたところ、鳴き声は確かに卵の中から聞こえている。

しかも鳴き声は一羽分だけではない。何羽ものひよこが鳴いているような騒がしさだ。

Hさんは卵のひとつを手に取り、恐る恐るボウルに割ってみた。

〈ピョッ！〉

一際甲高い絶叫のような声が聞こえたかと思うと、そこに卵の中身がボトリと落ちた。

ボウルの中にはなんの変哲もない白身と黄身。

相変わらず、テーブルの上の卵からはピヨピヨとひよこの鳴き声がする。

Hさんは卵を手に取り次々に割った。割るたびに、ひよこの断末魔が聞こえては消えた。

全ての卵を割り終えると、キッチンは静かになった。

ボウルの中は、卵の白身と黄身で溢れていた。


結局、冷蔵庫に入れた二つの卵からは、鳴き声はしなかった。

以来Hさんは、スーパーなどで〈新鮮〉という言葉を見ると寒気がするようになった。

擦りすぎ

Yさんの家からほど近い場所に、身代わり地蔵がある。

このお地蔵様には、家から持っていった〈たわし〉で、自分の身体の悪い所と同じ場所を洗うと傷病が治るという言い伝えがあり、昼間には多くの参拝者が並ぶという。


Yさんが中学生の頃、バスケットボールの試合で腰を痛めた。

すぐに治るとタカを括っていたが、いつまで経っても痛みが引かず思うように動けない。

どうしようかと悩んでいるうち、Yさんは身代わり地蔵のことを思い出した。

とはいえ、年配の参拝者に混じって中学生の自分が並ぶのは、なんだか気恥ずかしい。

そこでYさんは、参拝者のいない夜を狙って拝みに行くことにした。


夜、Yさんは夕食を済ませてから身代わり地蔵へと向かった。

さすがにこんな時間ともなると、辺りには誰もいない。

Yさんは備え付けてあるひしゃくでお地蔵様に水を掛け、腰から背中の辺りを洗い始めた。すぐに治りますようにと力を込め、念入りに何度も何度も擦った。

しばらく擦り続けていると、

——痛い、やめてくれ……。

お地蔵様から声が聞こえた。

びっくりしたYさんは、転がるようにその場から逃げ出し、一目散に家に戻った。


翌朝、Yさんは背中の激痛で飛び起きた。

鏡を見ると背中一面が、蜘蛛《くも》の巣のように真っ赤に腫れたみみず腫れになっている。

それを見た母親に「どうしたの」と驚かれた。

もしやと思い、昨夜の身代わり地蔵の話をしたところ、それを聞いた母親は、

「台所にあった〈スチールたわし〉を持っていったのはアンタね……あんなんで擦られれば、お地蔵様だって怒るわよ」

そう言うなり、腹を抱えて大笑いした。


二〜三日も過ぎた頃にはみみず腫れは引き、それに伴って腰の痛みも消えた。

後日、Yさんはお詫びも兼ねて、お地蔵様にお詣りに行ったという。

掘り出し物

Rさんは、古いブリキのおもちゃを集めている。

休みの日ともなると、ブリキのおもちゃを探すため、いつも車で出掛けるのだという。


その日は、埼玉県と群馬県の県境辺りに向かった。

田舎道を走っていく道すがらに駄菓子屋が見える。Rさんは「シメた」と思った。

こうした田舎の駄菓子屋には、売れ残った昔のおもちゃが眠っていることが多い。

Rさんは車を停めて駄菓子屋に飛び込んだ。

薄暗い店内では、板間に敷かれた座布団に座ったお婆さんがうつらうつらしていた。

Rさんは、お婆さんに軽く会釈をして店内の物色を始めた。

しばらくして棚の上に並んだ箱に目を付けたRさんは、その中のひとつを手に取った。

箱には飛行機の絵が描かれ、その上には〈AMERICAN AIRLINES〉の文字がある。

開けてみると、中には銀色の機体に赤いラインが入ったブリキの飛行機が入っている。

一目見た限りでは何処にも傷みは見あたらない。多分、市場で探せば十万円は下らない品だろう。

（こりゃ、掘り出し物だ！）

Rさんは、早速お婆さんに箱を見せて「幾ら？」と尋ねた。

「古いおもちゃだからね、千円でいいよ……」

Rさんは、小躍りしそうになるのを抑えつつ財布から五千円を渡し、おつりを受け取るやいなや、大急ぎで店を後にした。


意気揚々と自宅に帰ったRさんは、部屋に入るなり箱を開けた。

しかし、中にブリキの飛行機はなく、代わりに一本の鉄パイプが入っていた。

駄菓子屋ですり替えられたのかと思ったが、棚から箱を取ってから、自宅まで誰の手にも渡した覚えがない。

きっと暗い店内でパイプを見間違えたのだろう……。

Rさんはがっくりと肩を落とした。

後で財布を覗いたところ、受け取ったはずのおつりは四枚の落ち葉になっていた。

猫が啼く

数年前のこと。Cさんは久しぶりに高校時代の友人と呑んでいた。

あれやこれやと昔話に花を咲かせ、気が付いたときには終電はとっくに終わっていた。

サウナにでも泊まろうかと思案していると、友人が自分の部屋に泊まっていけと言う。

Cさんたちはタクシーに乗り込み、友人の家に向かった。


友人の部屋は、新築のワンルームマンションの一室だった。

ドアを開けた瞬間、生ゴミのような臭いが鼻をついた。ひとり暮らしの男の部屋だけあってお世辞にも清潔とは言えないが、一晩の宿を借りるのに贅沢は言っていられない。

部屋に上がると早速、寝酒を呑もうという話になった。

しばらくの間、二人でテレビを見ながら呑んでいたが、三時を過ぎる頃になると、

「じゃ、適当にソファーにでも寝てくれ」

そう言って友人は毛布を手渡し、ロフトに上がっていった。

Cさんは、部屋の灯りを消して、ソファーの上で横になった。

——ニャア、ニャア……

部屋の中から猫の啼き声が聞こえる。部屋に着いてすぐに呑み始めてしまったので気付かなかったが、猫を飼っているんだろうか？

Cさんは、しばらくの間まどろみながら猫の声を聞いていた。

しかし、ふと気付いた。猫の様子がおかしい。以前、床下から出られなくなった猫の鳴き声を聞いたことがあったが、この啼き方はそれに似ている。

Cさんはソファーから起き上がり、友人に声を掛けた。

しかし、ロフトからは返事がない。

仕方なく起き上がると、声のするほうへと歩いていった。

——ニャア……

ユニットバスの中から、啼き声が聞こえた。

手探りでユニットバスの灯りを点け、Cさんは扉を開けた。

開いた扉の目の前に妙なものがあった。三脚に据え付けられたビデオカメラが、ユニットバスの壁に立て掛けてある。足元には赤い工具入れ。

——ニャア……

声はバスタブの中から聞こえてきた。Cさんは手を伸ばし、バスタブの蓋を持ち上げた。

バスタブの中を覗くと、くるぶしほどの高さまで赤い水が溜まっている。

その中に子猫はいた。正確に言えば、かつて子猫の姿をしていた茶色い毛の塊が、白いはらわたを浮かべて横たわっている。

「……うちの風呂が、どうかしたん？」

振り返ると、ドアの前に友人が立っていた。

Cさんは必死に説明しようとするが、パクパクと口が動くだけで言葉にならない。

要領を得ないCさんを押しのけ、友人がバスタブを覗きこんだ。

「なんや、何もあらへんやん」

その言葉に、Cさんは慌ててバスタブの中を確かめた。しかし、バスタブには子猫どころか一滴の水も入ってはいなかった。

あのユニットバスで何が行われていたのか、Cさんは知りたいとも思わないそうだ。

第十八章

本当にある話って本当に怖い——。

怪バナ
うえやま洋介犬

PN「関谷大陸」さんの体験談
シャー
友達と遊んだ帰り道―
ん？
何だ…
キッ
あの人？
そこにいたのは
紫のローブをまとって
そうたそうたそうたそうたそうたそうたそうた
ひたすら両手を上下させている人物―
そうたそうたそうたそうたそうたそうたそうた
そうたそうたそうたそうたそうたそうたそうた
その怪人の足元にあったのは
無数の―
目玉！
そいつは食べていたんです――
プチュ
そうたそうたそうた
そうたそうたそうた
グチュッ
プチュ
ブチッ
そうたそうたそうた
その目玉を…ッ！

ぴたっ…
そいつはふいに動きを止め
こちらを
向き…！
！
ギャァァァァ
あまりの恐怖に気絶した僕が発見されたのは
その一時間ほど後——
あまりに目が痛むので
病院で診てもらった結果——
—今すぐ緊急手術が必要です！
何でこうなったかはわかりませんが…
！
目に—
うるしが注入されています…
あの怪人は—何が目的だったのでしょうか…？

—流石に冷えてきたな…
カタ カタ
こりゃもうすぐコタツの季節…
パッポーン
おっメール?
PN「カニカ」さんの体験談——
僕が中学三年生の時のことです
うーねむ…
キャハハハ ウフフ… アハッアハ…
?
アハハハ…
アハッ
キャッ キャ…
!
アハハ…
アハハ…
ワーワー
それは—
コタツの中で狂騒する
アハハハハ…
ウフフフ…
キャハハハ
小指ほどの大きさの
小さな子供たち—
アハハッ

しばらく呆然と見ていましたが…
キャハハ…
アハッ
アハハ…
「あること」に気づき
！
背筋が凍りつきました
その子供たちにはあるべきものが
その顔から
揃って欠けていたのです
目だけが
「ヤバい！」と思ってコタツから離れた僕に
追いうちをかけるように
チッ…
という舌打ち…
あなたのうちのコタツは—
大丈夫ですか？

PN「くろまる。」さんの体験談
チカッ
チカ
チカ
突然明滅を繰り返すようになった
マンションの自室の前の電灯―
その原因として思い当たるのは
ただひとつ
現象が起こった日に
マンションの玄関ドアに現れた―
これ
ある日突然ついていた
水でつけられたような異様な大きさの人面の痕――
三日経った今でも
それは一向に消える気配はありません――

ですがまだ「痕跡」についての体験はあり—
私はコンビニでバイトしてるんですが…
ドリンク類のショーケース
あれって
けっこう指紋がつくんですが…
それに混じって
延々と続く
子供の指ほどの大きさの
手のひらの跡——
しかもそれ—
「内側から」ついてるんです
内側からよくのぞいてるんでしょうか？
「誰か」が

PN「りざあど」さんの体験談―
それは―
げっ…
初めて見る
動物のリアルな死
それは轢きつぶされた猫の死体―
うわー…
わっ
足元には
その猫のものらしき眼球―
……
なんだろうこの目玉…
!
あれ…?
妙な…違和感が…

カサ…
カサ!!
ズズ
ブチッ
ブチ
ギチ
ズギ
ギチ
グギッ
ブヂ
ズル
それ以来――
ザッ
正視できなくなった
動物の死と
猫の…瞳が…!

長い間
病気で臥せって
いたせいか
あ…
トトト
トト…
これは
お兄ちゃん
足音だけで誰か
わかるように
なった――
けれど
ある夜―
ぬりゅっ…
ぬっ…
ずる…
!
ぬぺっ…
りゅ…
ずるっ…
これ…
誰の…
スッ
足音…?
ぬりゅ…
べちっ…
ずりゅっ…
―という話を
昔ネットのある
とこで書いたん
ですが…
創作怪談です
念のため…

PN「FK」さんからの電話―
洋介犬くんあの怪談創作だよね？
もち！
オレさ…似た体験したことあるんだよ…
マジっスか？
て言っても…似てるのはとっかかりだけで
カチャ…
カチ…
カチャリ…
カチ…
何の音…？
カチ…
カチ
カチ
カチャ…
え…？これ…
足音？
カチャ…
カチ…
カチ…
カチ…
カチャ…
カチ…

PN「崎戸」さんの体験談―
ジャー…
特別なことなど起こるとも思えない
平凡な留守番の一日の…はずだった
しかし
日常はいつも不意に
破壊される―
…
ふわ
!

?
気絶したまま目覚めない僕を
帰宅した母が発見し病院へ――
そして医師の理解をも超える検査結果を
僕らは告げられた
あの生首の当たった箇所
以前の検査ではちゃんと存在していた
あの箇所のあばら骨数センチほどの
きれいな…消失――!

「異界」…というものが
ひょっとして実在するのではないか
というお話――
実話怪奇体験談を
募集してみて
驚いたのが
「異世界を
垣間見て
しまいました」
という
類の
予想外の多さ
「出射新」さん
の体験談―
それは…
彼が幼い時
のこと…
ブロロロロ……
キッ
あ！
おとうさん
かえって
きた！
おとー
さーん！
二階にいた
彼が
目にしたのは
いつもの
見慣れた
一階への
階段ではなく―

長い坂
朱色の空――
そして
坂の途中に立つ人影は―
その人影が始めたのは
自らの元へいざなう手招き――
怖くなった彼は―慌てて逃げ出した
母を呼び…戻ってみると階段は元に戻っていた…
父が帰ってきた気配も…なくなっていたという
もしあの手招きに応じてしまっていたらと思うと―
彼は…今でも背筋が…

PN「たくまお」さんの体験談―
シャワーを浴びた後―
麦茶を一杯!
それが「たくまお」さんの
ぷっはー
習慣だったという―
――がある日…!
!

小太りな感じの
ひび割れたねずみ色の足―
冷蔵庫に遮られ体は見えないが―
ハー
ハー
その息づかいは確かに聞こえ―
ハー
ハー
たくまおさんがなんとなく―
目の前にあった納豆を置くと…
その「足」は―
去って行ったという
ペタ…
ハー
ペタ…
ペタ…
ペタ
ハー
ハー
ハー
ええ…今でも住んでますよ…
その家に
あいつが…まだいたらと思うと―
ゾッとしますけどね…

これは関西某県の不動産業者に伝わるお話―
アパートの大家…Nさんの元に
やられた…ッ
その情報が入った時にはすでに遅し
アパートの住人…二十代前半の水商売の女性が
たっぷり家賃を滞納した挙句― 男と二人夜逃げしたと言う
カギも返さずに…
カチャリ…
くそっ…
あの
あっ隣室のSさん…
どうされ…
あの…この部屋…
子供が
置き去りになってるみたいなんですけど…
そうだった…その女には!
2歳になる息子がいた!
わぁぁぁぁ
あぁぁぁあ…
隣人によると一日中聞こえていた子供の泣き声は
昨日― ふっつり途切れて―

大変だッ！
ガチャ…
部屋の中は
うっ…
食べ散らかしたゴミや汚物まみれの すさまじい状況
どこ…どこだ？いない…！
おーい！坊や！おーい！
まさか…！
ゴクッ…
いやな予感―
おそるおそる押し入れを開けた
ドッ…
その押し入れの天井は― 不自然に
―じゃあ子供はそこに…？
いや！いなかったんだ…
くぼみだけ残して…
子供はとうとう見つからなかったんだ…

葛西さん（仮名）の体験談ー
彼の元には何故か…フィギュアがよく集まったというー
や〜オレ自身は言うほどフィギュア好きじゃなかったんですけど…
友達もオタばっかで…
置ききれなくなったのとかトレーディングのダブりとか…
持って来られるんですよ…
けれどこう…ズラッとフィギュアが並んだ光景は
嫌いではなく…実は小さな趣味になりつつあったという
だが…あの日
それは本当に何の前触れもなく起こったー
ふぁ…
!

一体残らず
一晩で—
首が外れ…
いや!
スパッと切断されていて…
そだ…首…!
はッ…
首どこに行ったんだ?
ゴミ箱…押し入れの奥…
本棚の奥…どこにもない
やっぱもう持ち去られ…
!
まさか…
まさかね
こんなとこに…
あるわけ…
カチッ…
葛西さんの小さな趣味は
その瞬間—終わりを告げた

ローカル局に響く……

これは私…洋介犬自身と義弟の体験談
行っちゃダメー 行っちゃダメー
※着メロ
どした義弟?
あーあのさあるTV番組録画したんやけど…
何や怪奇現象録れてて…
明日すぐ持ってきなさいッ
—で翌日
んじゃさっそく
あっあっあ～ん
あんっあ～ん
…これ…
うん
関西ローカル局の深夜のエロ番組!
おっぱーい
何で録っとんじゃいッ
※なんか友人に頼まれて録ったそうです。
そのビデオ観るか!
ああんっ
あっ…あっ…
あーんッ!
あっ…
えーとどこが怪奇映像…
ここ!
ズッ…

ボソ…
死んだらええのに…
な？
確かに…AVの紹介コーナーの終わり際――
あえぎ声もフェイドアウトし始めたその時　はっきりと…！
死んだらええのに…
バッチリDVDに焼きましたので
ご覧になりたいオカ業界の方はどうかこちらまで
テロップねーよ！
「関西ローカル局の深夜のHな番組」と聞けば関西の男性はピンとくるかも（笑）。
「自分も観た・聞こえた」という方も是非是非ご一報を…

PN「ken」さんの体験談—
彼が小学生だった時の苦く…忘れられない怪異
飼っていたメダカが卵を産み—
三週間ほどですべてかえったという
あれ？一匹だけ…下の方泳いで…
あ…！
ヒッ…！
！
突き動かされるままにkenさんは
ざぶッ
水槽の中からそのメダカをつかみ出し—
ティッシュにくるみ…
ゴミ箱に捨ててしまったという…
ハー
ハー
ハー
ハー
ハー
ハー
ハー
その翌日—
kenさんに届いたのは…
えっ…！

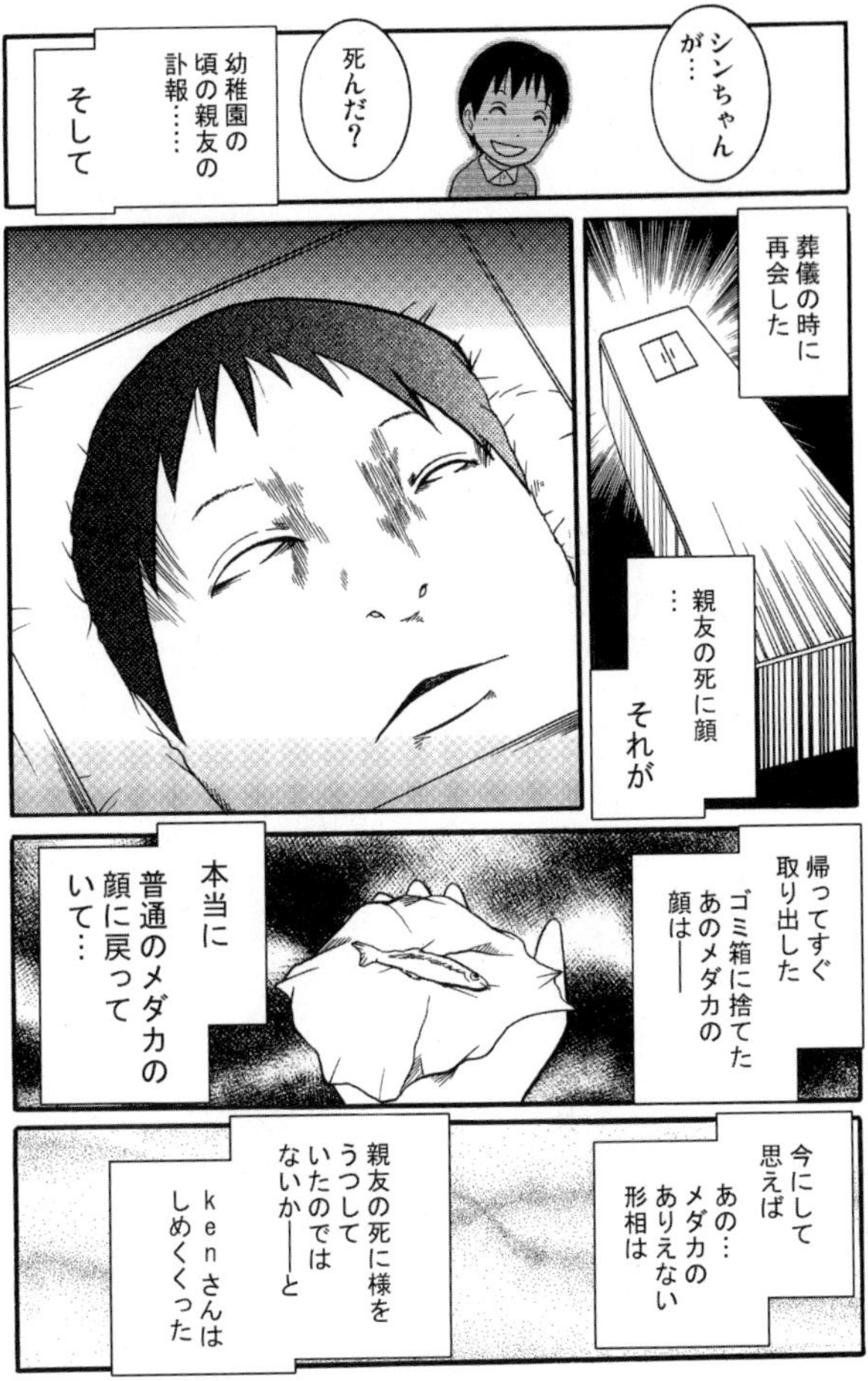
シンちゃんが…
死んだ?
幼稚園の頃の親友の訃報……
そして
葬儀の時に再会した
親友の死に顔…
それが
帰ってすぐ取り出した
ゴミ箱に捨てたあのメダカの顔は――
本当に普通のメダカの顔に戻っていて…
今にして思えば
あの…メダカのありえない形相は
親友の死に様をうつしていたのではないか――と
kenさんはしめくくった

「急性腸炎」という病気をご存知でしょうか
実は私も一度かかりました…
下痢で一晩で…５キロ痩せました…
ゲソ…
同じ病にまつわる…
ＰＮ「Ｇ五郎」さんの体験談―
いつものメンツ…大学の同級生三人で
ヒャッハー
自宅で呑んでいたというＧ五郎さん―
でいつも通り
ぐー
ごー
つぶれて眠ってしまったという―
ん…
ふぁ…今…何時？
朝…六時…
西田起こす？
んー
ん？
えっ…
これ…
尻…

げ…まさか…こいつ…
もらした?
ちょ…オレの部屋だぞ!
冷静さが…飛んでしまっていたという
脱がせ!とりあえず!
ヤバ…!
ズルッ
ユ…
ん…何…?
ムグ…
西田さんに変わった様子はなく…
当然…告げられずにいたG五郎さん達…
だけど次に会った時―びっくりした
西田さんの…あまりのやつれっぷりに
あー
急性腸炎ってのかかっちゃってさー…
ハハ…
「あの小さな手…関係あるんでしょうか?」
とG五郎さんはつぶやいた…

あっつ…
ミー
ミーーン
PN「タナカ」さんの体験談―
高一の梅雨ごろから上げることもつらいほど重くなっていた
タナカさんの右肩―
診断は…
運動のしすぎ?
まさか
オレ…帰宅部だぜ?
そしてある夜―
う~
うーん…
あち…
例年通りの寝苦しい夜に
なにげなくうった

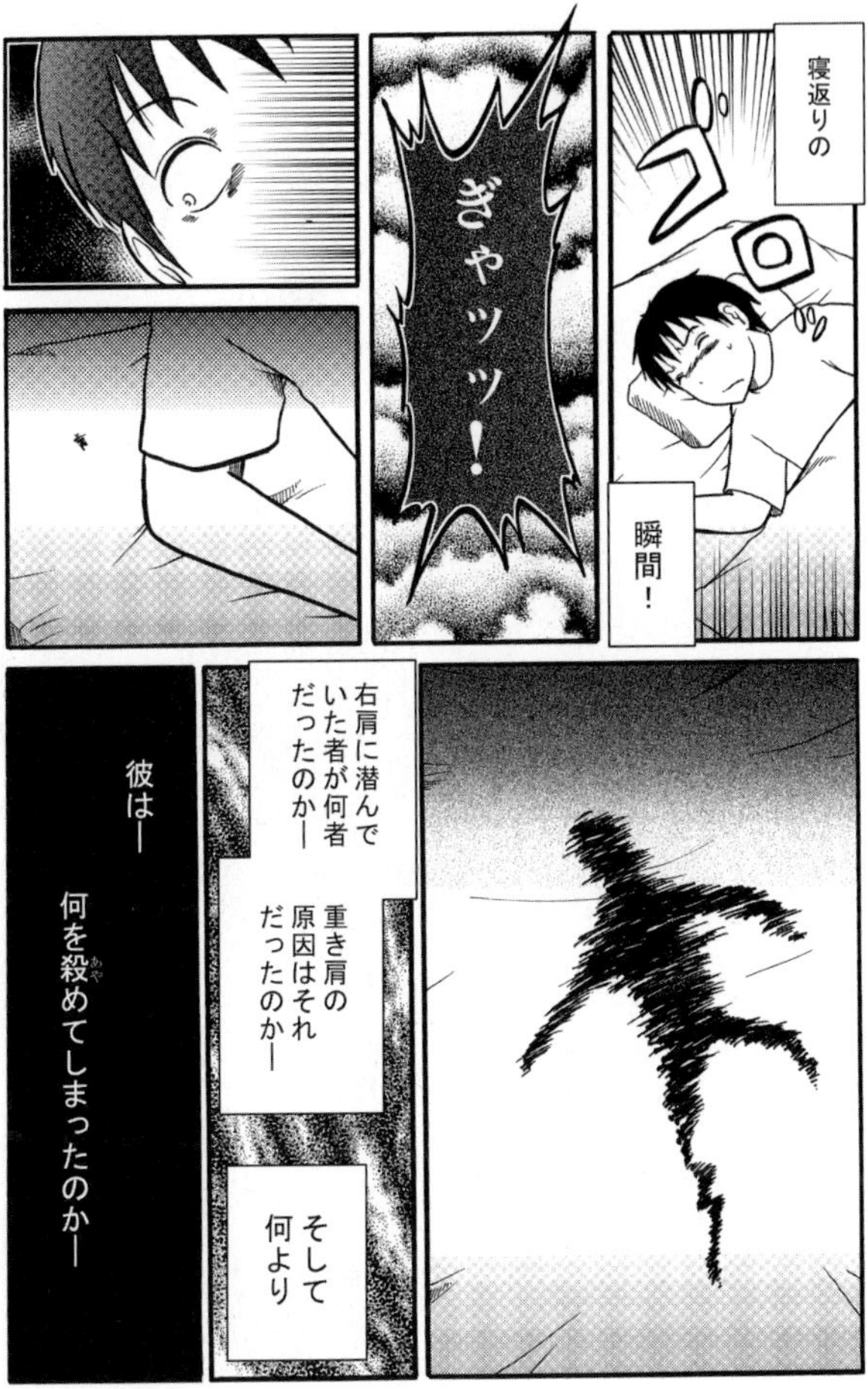
寝返りの
ゴロ
瞬間！
ぎゃッツ！
右肩に潜んでいた者が何者だったのか—
重き肩の原因はそれだったのか—
そして何より
彼は—
何を殺《あや》めてしまったのか—

ひょ〜♪ 着てみたかったんだ〜
中・高と制服がブレザーだったという
PN「福耳」さん—
年上の友人の卒業にかけあい—
ひょほー♡
ありがと〜!
まんまと(笑)
セーラー服をゆずってもらうことに成功したという
しかし—
ゴトンッ
——また?
今日もか……
落ちるのは決まって
普段着てるブレザーの方

さらには
あれ？あんた今……
セーラー服着てうろうろしてなかった？
そしてついにある夜
ん…
決定的な「それ」を目撃してしまう――
事の次第を聞いた元の持ち主の一言が
あっゴメ～ン
やっぱそうなった？
あっさりすぎて……怒る気にもならなかったという――

PN「九龍」さんの体験談―
十二歳の九月の夜
不意に目が覚めて
驚いた
髪型・パジャマ・体格…
すぐわかったという…「あれは私だ」―と
九龍さんは回り切っていない頭で…思わず
「取り返そう」と
ポン…
手を―

ギュッ
ッ!
いず
みだ
その後の記憶がないまま十一年—
「いずみだ」が誰を何を指すのかわからないという九龍さん
ただ…上司・恩師・親友の恋人・大家さん…
九人もの「いずみだ」さんが九龍さんの周囲にいるという—
洋介犬さん…「いずみだ」って…
そんなありふれた名字でしたっけ…?

PN「ミツフシ」さんの体験談—
ざわ
ざわ
ざわ
?
十年ほど前のこと…学校の電算室に彼が入った時には
もう騒ぎは起こっていたという—
何?何なん?
あれ!あの席!
Kの使ってるパソコンに…!
えぇか?
もっぺんやるで…?
このウィンドウを…
カチ
まずは最大化
ヴ…ン
すぐ
カチ…
元のサイズに
最大化!
元に戻す!
カチ…
カチ
カチ…
最大化…
元に…
カチ
カチ
最大化…
元に…
カッ…

戻っ…
カチ…
うわあああああああああッッ！
何騒いでんのや
コラーッ！
その先生の怒号が
合図だったかの
ように…
その現象は
二度と
起こらなかった
という…
ただ
ミツフシさんも
はっきり見た！
ウィンドウが
最大から元の
サイズに戻る
一瞬だけ
確かにー

シュ…

ドッペルニャンガー

友人の漫画家うさみ☆さんの体験—
ある夜—
両脇に
猫
股にも
猫が
あ〜猫って人間のこういうところで寝るよね〜…
—と気にもせずまた眠り…
翌朝…
自分ちの猫は
二匹
しかいない
ことに気づく
—かく言うウチ…洋介犬宅でも
ムク…
モゾ
モゾ
するんっ
すぐに確認しに行っても
何もいなかったのは言うまでもなく
ウチの猫も二匹ともちゃんと反対側の…
枕元に
—…!

その話は あまりにも 不条理で
あまりにも 悲しく…
そして あまりにも 恐ろしい…
怪異譚―
この話をくださったのは
PN「雪弥」さん―
そしてこの話の 中心に在った もう一人の女性―
仮に「かおる」 さんとします
彼女たちは 親友同士―
友達としての 日々が続くと 思っていた―
本当に雪弥さんは 彼女が好きだった そうです―
そう… あの日までは

えっ？かおるが…？
行方不明？
そうなのよ雪弥ちゃん…
朝…部屋に行ったらいなくなってたのよ…！
多分パジャマ姿のまま…
財布もバッグも持たず…
ドアチェーンも…かかったまま！
本当に—部屋から
かおるさん「だけ」が消えていたという…
友達・家族警察…持てるすべてで彼女を探したが—
彼女は
見つからなかった——
神隠し…
半年経ちそうささやかれ始めた頃…
再び

現実は動きだす…
え？見つかった？
かおるが見つかった？どこで？
えぇ…それが…
いなくなった時と同じ…ベッドに…！
あの時の…姿のまま…
喜べなかった…
かおるさんは
いなくなったこと―そのことを…彼女は何も語ってくれなかったから…
かおる…
そんな彼女が唯一―
口を開いて…伝えたことは

私…ずっと
この上にいたのよ
何もない
空間にいたの…
そして
その半年後—
私の元に…
届いて
しまったのは
彼女の
訃報—

彼女の死も
受け止め
きれぬまま
参列した
葬儀―
そして遺体は
荼毘にふされ…
その…お骨を
拾おうとした
雪弥さん達に
なおも…
降りかかる
悪意―
棒―
遺灰にたっぷり
残されていた
黒い…鉄の棒！
まるで
悪夢が
形となって
そこに…

彼女の死から四年──
雪弥さんは悪夢から解放されたのだろうか
否
メールの末尾に記されていたのは
最近…ある夢を繰り返し見るんです…
かおるが夢に現れて…
私に…言うんです
一緒に
行こう…
「私…ずっとこの上にいたのよ
何もない──空間にいたの…」

うえやま洋介犬より

西浦和也 様へ

まさかまさかのコラボ本、気分はまるで百万の援軍を得た篭城兵のようでした。
加えていつものどこか叙情溢れる西浦和也さん怪談と違い、驚きのガチ風味。まるで温厚さに惹かれて結婚した花嫁が、初夜で思わぬ旦那の激しさに戸惑いながらも、「ああ……でも、これもイイ！」と再確認したように惚れ直しました。

ところで西浦和也様、今回僕の妄想により「イヤホンくくり」、西浦和也さんの御文筆により「リモコン隠し」が、共に妖怪の仕業であることが判明したワケですが、怪異蒐集家のトッププランナーである西浦和也さんが「これぜってー妖怪の仕業」と見当している事象、こっそり教えてくださいませんでしょうか？　是非今度パク……いや後学にさせて頂きたく思います。

あと、西浦和也さんに直に面識したほぼ六割の方が気にするという、「いつも下げてらっしゃるMP3プレイヤーの中身」についてもこっそりと……。実は過去CDに混入された曰くのある霊の声をしこたま入れて自身へ怪異を導いている……という噂も……。

あとがき往復書簡②

西浦和也からの返信

イラスト：西浦和也

あとがき往復書簡③

西浦和也より

うえやま洋介犬 様へ

こちらこそ、最強最悪コラボ本「妖幽戯画」の完成、本当にお疲れ様でした。お気付きの通り、コミックパートに負けないよう、今回は〈ガチの忌み話〉を、書かせて頂きました。ただ、書いておいて何ですが、忌み話に付きものである祟りの類が〈身代わり地蔵〉たる洋介犬様の所に大挙して押し寄せるようなことがあれば、後々美味しすぎるなぁ、と今から勝手な嫉妬をしています。

確か以前も、某心霊スポットで取材された際に足を怪我したり、御守りの数珠やデジカメがおかしくなったと聞いています。更に最近は実話怪談も手がけられているそうですが、そのおかげで怖い目（美味しい目）には遭っていますか？　同じ怪談業界人として、アカギ（近代麻雀／竹書房）に匹敵する引きの強さには凄く興味があります。

興味といえばもう一つ。洋介犬様トレードマークの作務衣と頭の喧嘩かぶりですが、いつも頑なに脱ぐことのない、喧嘩かぶりの下には何があるんですか？

猫耳、人面疽、頭蓋骨、ミステリーサークル、山の牧場……。あぁ、妄想が……。

あとがき往復書簡④

うえやま洋介犬からの返信

妖幽戯画 おどろ怪異譚

2009年6月5日　初版第1刷発行

著者　うえやま洋介犬＋西浦和也
編集　加藤 一
カバー　橋元浩明（so what.）
発行人　高橋一平
発行所　株式会社　竹書房
〒102-0072　東京都千代田区飯田橋2-7-3
電話 03-3264-1576（代表）
電話 03-3234-6208（編集）
http://www.takeshobo.co.jp
振替 00170-2-179210
印刷所　図書印刷株式会社

定価はカバーに表示しています。
落丁・乱丁本は当社にてお取り替えいたします。

ISBN978-4-8124-3821-3 C0176